Schreiben lernen

Schreiben lernen

A Writing Guide for Learners of German

Pennylyn Dykstra-Pruim

Calvin College

Jennifer Redmann

Franklin & Marshall College

Yale University Press / New Haven and London

Yale University Press books may be purchased in quantity for educational, business, or promotional use. For information, please e-mail sales.press@yale.edu (U.S. office) or sales@yaleup.co.uk (U.K. office).

Editor: Tim Shea
Publishing Assistant: Ashley E. Lago
Manuscript Editor: Jack Borrebach
Production Editor: Ann-Marie Imbornoni
Production Controller: Aldo Cupo

Illustrations by Mary Valencia.
Set by J. P. Kang.

Printed in the United States of America.

ISBN: 978-0-300-16603-3
Library of Congress Control Number: 2011923667

A catalogue record for this book is available from the British Library.

This paper meets the requirements of ANSI/NISO Z39.48-1992 (Permanence of Paper).

10 9 8 7 6 5 4 3 2 1

Inhaltsverzeichnis

Zwischenspiel: *Top Ten Writing Errors*

Discover ten common mistakes that learners tend to make when writing German.
Realize that these ten mistakes are actually simple to avoid.
Gather some quick tips on how to fix or avoid these common mistakes.

Inhaltsverzeichnis

Zwischenspiel: *Using a Dictionary*

Get tips on how to avoid writing unintentionally bizarre things.
Practice using a real dictionary entry.
Apply what you learn on these pages and get better writing and happier teachers.

Schreiben lernen: *The Quick Overview*

What is it? Schreiben lernen *provides both a workbook and a long-term resource for learning to write in German. You can look up how to write a specific type of text, like a letter of application (2C), a plot summary (7B) or an online profile (1A). You might have bought this resource on your own, or for a class. You might work through the levels one by one inside a course or over several courses. You may use some sections this year and different sections several years from now.*

What's in it? Schreiben lernen *focuses on eight writing tasks (Chapters 1–8). For each task, you can learn how to write three genres or types of texts, one each at the* Grundstufe, Mittelstufe *and* Oberstufe *levels. You can work through each level (by doing all the "A" sections, for example) or focus on a chapter and work from basic to intermediate and then advanced levels of that chapter, preferably in conjunction with appropriate, well-rounded language learning. Even if you are an intermediate or advanced writer, you might find the vocabulary and language tips in the earlier levels helpful.*

What kind of texts can I learn how to write? *Check out the list outlined in the table below.*

	Kapitel	Level A – Grundstufe	Level B – Mittelstufe	Level C – Oberstufe
1	Personen beschreiben *Describing people*	☐ Profil ☐ *Profile*	☐ Lebenslauf ☐ *Resumé*	☐ Biografie ☐ *Biography*
2	Briefe schreiben *Writing letters*	☐ Nachricht ☐ *Note*	☐ Dankesbrief ☐ *Thank-you letter*	☐ Bewerbungsbrief ☐ *Letter of application*
3	Autobiografisches Schreiben *Autobiographical writing*	☐ Familientraditionen ☐ *Family traditions*	☐ Kindheit ☐ *Childhood*	☐ Erlebnis und Identität ☐ *Experience and identity*
4	Berichte schreiben *Writing reports*	☐ Tagesablauf ☐ *Daily routine*	☐ Erinnerungen ☐ *Memories*	☐ Nachrichten ☐ *News article*
5	Meinungen äußern *Expressing opinions*	☐ Reaktion ☐ *Reaction*	☐ Stellungnahme ☐ *Written opinion*	☐ Argumentation ☐ *Argument*
6	Kreatives Schreiben *Creative writing*	☐ Gedichte ☐ *Poems*	☐ Märchen ☐ *Fairy tale*	☐ Kurzgeschichte ☐ *Short story*
7	Filme interpretieren *Interpreting films*	☐ Bildgeschichte ☐ *Picture story*	☐ Inhaltsangabe ☐ *Summary*	☐ Filmrezension ☐ *Film review*
8	Literatur interpretieren *Interpreting literature*	☐ Gedichte interpretieren ☐ *Interpreting poems*	☐ Märchen interpretieren ☐ *Interpreting fairy tales*	☐ Kurzgeschichten interpretieren ☐ *Interpreting short stories*

What's the Big Idea?

What's MPG? Schreiben lernen *will help you learn to write in German using a* **model-based, process-oriented and genre-focused** *approach. Our catchy abbreviation for this method is* **MPG.** *With a good MPG, you can get pretty far!*

Model-based *In every chapter at every level, you will find models and examples of how to write different types of texts. You will also be guided in figuring out how to make good use of models, so that in the end you will be able to draw on other texts you may find in the world as models. Please find good ones!*

Process-oriented *By working through a section (for example, 5B or 2A) you will build your skills and gather knowledge of words, phrases and structures that are useful in writing the type of text you are working on. Each section includes discussion and short writing activities for practicing key vocabulary or structures. Near the end of each section you will be guided through the writing process, usually outlined as a series of steps. The entire process (focusing on language components and skill building to drafting, editing and polishing a final text) is repeated in many forms and with different twists, depending on the chapter and the section. The sections and chapters harmonize and work together, but there is a great variety of cultural information, topics, text models and types of discussion and writing activities to keep you awake and engaged.*

Genre-focused *While improving your writing abilities in German is the broad goal, we aim to help you by focusing on eight different types of writing (one in each chapter). Three specific writing tasks that accomplish the chapter goals are highlighted – one at each level (basic, intermediate and advanced). So, if your teacher assigns you to write a fairy tale, go to 6B. If the task is to analyze a short story (or a long story), look at 8C. If you want to write about yourself, be sure to use parts of Chapters 3 and 4. Even if the task is to analyze a poem (8A), you might look back at how to write a poem (6A) for some good basic poetry-related vocabulary.*

Culture learning and learning to write *Throughout the writing process, different types of information about German-speaking cultures will shape your writing and your learning. Factual information can inform your understanding of a text genre by providing cultural associations and expectations of that genre. Awareness of cultural similarities and differences in the uses of vocabulary and structures, as well as cultural customs, stereotypes and attitudes, enables you as a writer to effectively communicate your meaning to a German-speaking audience. Building your cultural awareness is part of your language learning journey. Enjoy it!*

Notes for Instructors

Schreiben lernen *offers a unique approach to writing in the German curriculum by including writing tasks for learners at three levels of proficiency. The A, B and C-level assignments are designed for students in first-, second- and third- or fourth-year college German, respectively, although students in one level may benefit from completing assignments in a previous level. As a "whole-curriculum" writing guide,* Schreiben lernen *offers a means of unifying German curricula across levels, helping instructors bring* **content** *to beginning German classes and ongoing* **language** *training to upper-level courses.*

Schreiben lernen *is intended to supplement other texts used in a course, although some instructors may choose it as a primary text for a writing-intensive course. The topics, vocabulary and grammatical structures found in each chapter have been designed to complement those found in many German textbooks currently on the market. The table below gives a few examples of how the writing assignments can enhance the teaching of particular cultural topics, points of grammar or speech acts.*

	A	B	C
Culture	• *Holidays and family traditions* (3A) • *German poets* (8A)	• Die Wende (4B) • *Fairy tales* (6B, 8B)	• *Postwar German history* (3C) • *Language and national identity* (5C)
Grammar	• *Stem-changing verbs* (3A) • *Word order in main clauses* (4A)	• *Dative verbs* (2B) • *Narrative past tense* (4B)	• *Passive voice* (4C) • *Subjunctive I* (5C)
Speech acts	• *Opening and closing a letter* (2A) • *Expressing opinions* (5A)	• *Summarizing a plot* (7B) • *Giving an example* (8B)	• *Constructing an argument* (5C) • *Interpreting a text* (8C)

The last page of each chapter guides students step by step through the completion of each writing assignment. These Schreibaufgaben *are summarized in Appendix I. Instructors may choose to draw on the* Schreibaufgaben *summaries in constructing grading rubrics for the writing tasks at the end of each chapter.*

Tips for Using Schreiben lernen

Each chapter of Schreiben lernen *guides you step-by-step toward writing a text in German. Along the way, you will find different types of oral and written activities to help you become a better writer.*

🗣	*When you see this symbol, you will be talking to others in class: asking questions, gathering information, brainstorming, analyzing a text and so on.*
📄	Schreiben lernen *is a reference book and workbook in one, with space right on the page for you to fill in information and jot down answers. When you see this symbol, however, it means you need to use a separate piece of paper to complete a task.*

Sprachtipps
Correct grammar is essential to any good piece of writing. The Sprachtipps *will remind you how to use grammatical structures that are likely to come up in the kind of text you will be writing. In some chapters, the* Sprachtipps *offer a brief review of a point of grammar. In others, you will find a longer explanation and some practice exercises. Keep in mind that the* Sprachtipps *are intended for quick review and practice. If a topic covered in a* Sprachtipp *is new to you, consult your instructor or a grammar manual.*

Cross-references
Many topics (such as technology vocabulary, time expressions or ways to connect information) come up in several places in Schreiben lernen. *To help you easily find all of the information on a given topic, cross-references with page numbers appear in the margins of every chapter. A complete list of the cross-referenced topics is in Appendix II. Remember that within a single level (A, B or C), you can work through different chapters in any order, and the cross-references can point you to information elsewhere in the book that you might want to use.*

Schreibaufgaben
The Schreibaufgaben *in Appendix I offer a quick overview of the assignment and key elements of each section's writing task. You can use this section as a self-assessment before turning in an assignment.*

Now that you know what Schreiben lernen *is all about, let's get started!*

Personen beschreiben • *Describing people*

1A: Profil   1B: Lebenslauf   1C: Biografie

Representations of the self & others

Online personal profiles
Facts about me
Personality adjectives
Family

Verbs: haben *and* sein
Present tense
―――――
Ideal personality characteristics across cultural boundaries
Borrowed English words for new technology

German Lebenslauf
Components and vocab for a Lebenslauf
Education & schooling
Describing skills and strengths

Subordinating word order and wenn
Ordinal numbers
Formatting of dates and addresses
―――――
Making comparisons
Educational systems
Lebenslauf vs. *Resumé*

Biography
Facts about others
Accomplishments
Narrating life events
Time expressions

Simple past
Conjunctions
Word order
―――――
Angela Merkel
Elie Wiesel

Aufgaben *Tasks*
Describing the self   • *in a brief profile*   • *in a formalized* Lebenslauf *context*
Describing others   • *simply*   • *in an appealing narrative*
Describing life events   • *in outline*   • *in a formal biography*

Writing Skills
Researching facts → Building sentences → Combining sentences → Developing a focus → Engaging the reader

1A: Profil

Registrieren

Vorname: _____

Nachname: _____

Deine E–mail: _____

Neues Passwort: _____

Deine Adresse: _____

Deine Telefonnummer: _____

Ich bin: ___ männlich / ___ weiblich

Geburtstag: Tag:___ Monat:___ Jahr:___

Gib deine Profilinformationen ein

Schule: _____

Hochschule: _____

Hobbys: _____

Kultur:
Hochschule *is equivalent to a technical college, not an American high school. Use "High School" to talk about the American grades 9-12.*

Sprachtipp: *Technology vocab Many computer-related words are borrowed from English and then made more German or* eingedeutscht. *The preferred words often change with time. Can you guess what these words mean?*

etwas googeln

facebooken

e-mailen

twittern

simsen

das Handy

das Netzwerk

einen Kontakt adden

an meinem Profil arbeiten

Schreib etwas über dich! *Use the sentence builders to start a* Profil *for yourself* auf Deutsch.

☐ Hallo!

☐ Tag!　　　　Ich heiße ____.　　　　Ich bin

☐ Hi!

☐ ____ Jahre alt.

☐ Schüler/in　　　an der ____ Schule.

☐ Student/in　　　an der Universität ____.
　　　　　　　　　　am ____ College.
　　　　　　　　　　an der ____ Hochschule.

☐ Meine Interessen　　sind

☐ Meine Hobbys

☐ Politik / Sport / Filme / Jazzmusik / Computerspiele / Theater / Training / ____

☐ Rad fahren / Sport treiben / im Internet surfen / mit Freunden Zeit verbringen

☐ Lesen / Fernsehen / Musizieren / Wandern / Einkaufen / Tanzen / ____

Sprachtipp: sein *to be - has these present tense forms:*   ich bin   du bist   er ist   wir sind   ihr seid   sie sind

Was für ein Mensch bin ich? *Circle the number which corresponds to how you rate yourself on these scales between opposites.*

fleißig	1	2	3	4	5	faul
hard-working						*lazy*
idealistisch	1	2	3	4	5	praktisch
spontan	1	2	3	4	5	unspontan
sportlich	1	2	3	4	5	unsportlich
romantisch	1	2	3	4	5	sachlich
energisch	1	2	3	4	5	ruhig
musikalisch	1	2	3	4	5	unmusikalisch
scheu	1	2	3	4	5	kontaktfreudig
traditionell	1	2	3	4	5	untraditionell

Das bin ich!

🔊 **Wir sind ...** Vergleichen Sie Ihre Ergebnisse mit einem Partner/einer Partnerin!

Er/Sie ist ____, aber ich bin ____.
Wir sind beide sehr ____ / ein bisschen ____ /
nicht besonders ____.
Für „fleißig-faul" hat er/sie 2 , aber ich habe 5 .
Er/Sie ist ein bisschen fleißig, aber ich bin sehr faul.

Ich bin _____,
_____,
_____,
_____,
_____ und
_____.

🔊 **Kultur-Vergleich: Ideale Eigenschaften**

1 Beschreiben Sie den idealen Freund oder die ideale Freundin! *Der ideale Freund ist ____ , ____ und ____.*
Die ideale Freundin ist ____ , ____ und ____.
2 Beschreiben Sie den idealen Studenten/Schüler oder die ideale Studentin/Schülerin!
3 Beschreiben Sie den idealen Geschäftsmann oder die ideale Geschäftsfrau!
4 *How do these ideals compare across cultures or across generations? How might your answers compare to those of your grandparents, of German speakers you know or of other ethnic groups you are familiar with?*

Positiv oder negativ *Are these considered negative or positive characteristics in your home culture?*

	++	+	0	-	--
unabhängig *independent*	++	+	0	-	--
zuverlässig *reliable*	++	+	0	-	--
vorsichtig *careful*	++	+	0	-	--
neugierig *curious*	++	+	0	-	--
zurückhaltend *reserved*	++	+	0	-	--
schüchtern *shy*	++	+	0	-	--
gut organisiert	++	+	0	-	--
abenteuerlustig *adventurous*	++	+	0	-	--
treu *loyal*	++	+	0	-	--
religiös	++	+	0	-	--

describing people - ch. 1, 52, 122, 130, 143, 173

Familienstammbaum Ergänzen Sie die Tabelle mit Namen aus Ihrer Familie!

	mütterlicherseits				väterlicherseits	
Großeltern	Großmutter	Großvater			Großmutter	Großvater
Eltern	Stiefvater		Mutter	Vater		Stiefmutter
Geschwister			ich		Schwester	Bruder
Kinder			Tochter	Sohn	Nichte	Neffe

Sprachtipp: haben *to have - present tense forms:*   ich habe   du hast   er hat   wir haben   ihr habt   sie haben

family – 46, 47, 75

Was ist das?

die Töchter   *daughters*

die Söhne

die Brüder

die Schwestern

die Mütter

die Väter

das Einzelkind

die Zwillinge

die Stiefmutter

der Halbbruder

sein/e Partner/in

ihr/e Partner/in

mein Mann

meine Frau

die Zwillings-

     schwester

Sätze bilden *Use the sentence builders below to describe your family.*

Ich habe eine   ☐ große / mittelgroße / kleine Familie.
Ich habe eine   ☐ Tochter.
              ☐ Schwester.   **Sie** heißt ___.
              ☐ Mutter.   **Sie ist** ___ Jahre alt.
              ☐ Großmutter.   **Sie ist** fleißig **und** unmusikalisch.

Ich habe einen   ☐ Sohn.
              ☐ Bruder.   **Er** heißt ___.
              ☐ Vater.   **Er ist** ___ Jahre alt.
              ☐ Großvater.   **Er ist** spontan **und** kontaktfreudig.

Ich habe zwei/ drei... ☐ Geschwister.   **Sie heißen** ___ **und** ___.
              ☐ Brüder.   **Sie sind** ___ **und** ___ Jahre alt.
              ☐ Schwestern.

📄 **Mein Profil** *Draft a profile of yourself. Refer to your previous work in this section and follow these 3 steps :*

1. Schritt: *Start with your basic sentences from each page of this section.*		**2. Schritt: *Add detail and interest with some of the sentences below.***	**3. Schritt: *Integrate your sentences from Step 2 into your starter text.***
			Modell
Überblick	Tag! Ich heiße Emma. Ich bin 19 Jahre alt. Ich bin Studentin an der Universität Connecticut. Meine Hobbys sind Filme und Computerspiele.	Ich studiere ___. Mein Lieblingsfach ist ___. Ich möchte ___ werden. Ich finde ___ (nicht) (sehr) interessant.	Tag! Ich heiße Emma. Ich bin 19 Jahre alt und Studentin an der Universität Connecticut. Ich studiere hier Mathe und Englisch. Ich möchte Journalistin werden. Meine Hobbys sind Filme und Computerspiele. Ich gehe oft ins Kino und mache viel mit Computern. Ich bin idealistisch und neugierig. Ich bin auch spontan, aber ich möchte gut organisiert sein. Ich habe eine kleine Familie. Meine Mutter heißt Marie. Sie ist 44 Jahre alt. Sie ist geschieden. Ich habe auch einen Bruder. Er heißt Kyle. Er ist 16 Jahre alt und sehr sportlich. Mein Bruder ist schüchtern, aber ich bin selbstsicher. Wir wohnen in Vermont.
Persönlichkeit	Ich bin idealistisch, neugierig und spontan.	Ich bin immer / meistens / manchmal / selten / nie... *always / mostly / sometimes / seldom / never* Ich bin sehr / überhaupt nicht ___. *very / not at all* Meine Freunde meinen: Ich bin ___, aber ich bin eigentlich *in reality* ___. Ich bin ___, aber ich möchte ___ sein. *but I would like to be ___*	
Familie	Ich habe eine kleine Familie. Ich habe eine Mutter. Sie heißt Marie. Sie ist 44 Jahre alt. Ich habe einen Bruder. Er heißt Kyle. Er ist 16 Jahre alt. Er ist sportlich.	Ich habe auch einen Hund / eine Katze. *a dog / a cat* Mein Bruder ist ___, aber ich bin ___. Wir sind alle sehr / oft / manchmal / selten / nie ___. Er/Sie ist verheiratet *married* / geschieden *divorced* / ledig *single* Er/Sie hat einen festen Freund/eine feste Freundin *a boyfriend/girlfriend* Meine Familie wohnt in ___.	

1B: Lebenslauf

Meine persönlichen Daten Ergänzen Sie die Tabelle mit Ihren persönlichen Daten!

	Modell	Sie
Name	Lindner	
Vorname, 2. Vorname	Sandra Elisabeth	
Geburtsdatum	19. 5. 1985	
Geburtsort	Osnabrück	
Familienstand	ledig	
Staatangehörigkeit	deutsch	
Adresse	Ferdinandstr. 42 53127 Bonn	

🗣 **Wann bist du geboren?** Stellen Sie diese Frage an sechs Leute. Achten Sie auf die Form der Ordinalzahl und wie Sie das Jahr sagen! *Ich bin am zehnten Januar neunzehnhundertvierundneunzig geboren.*

1. 5. 1982	am **ersten** Mai neunzehnhundertzweiundachtzig
2. 8. 2003	am **zweiten** August zweitausenddrei
3. 2. 1991	am **dritten** Februar neunzehnhunderteinundneunzig
4. 7.	am vier**ten** Juli
5. 7.	am fünf**ten** Juli
7. 7.	am sieb**ten** Juli
19. 7.	am neunzehn**ten** Juli
20. 10.	am zwanzig**sten** Oktober
21. 10.	am einundzwanzig**sten** Oktober
27. 10.	am siebenundzwanzig**sten** Oktober
31. 10.	am einunddreißig**sten** Oktober

writing dates – 40, 74, 101

Wortschatz: Persönliche Daten

Name *last name (in official contexts)*
Familienname *last name*
Vorname *first name*
2. (zweiter) Vorname *middle name*
Familienstand *marital status*
ledig *single*   verheiratet *married*
geschieden *divorced*   verwitwet *widowed*
Staatsangehörigkeit *nationality*
  country USA, Kanada, Großbritannien
  adjective amerikanisch, kanadisch, britisch
*Note: in German the house number **follows** the name of the street, and the postal code **precedes** the name of the city.*

Sprachtipp: *Writing dates* *In Germany, as in most of the world, dates are written with the day preceding the month. In German, a period is placed after the day (and month if it is written as a number). This period functions like the "st" in 1st or the "th" in 4th. Note: the period after the day is never omitted when writing dates.*

Übung: Daten schreiben Schreiben Sie diese amerikanischen Daten auf Deutsch!
January 17, 2010 ➜ *17. 1. 2010* oder *17. Januar 2010*
April 20, 1988
12/30/1997
9-18-2000
10 Mar 04
der Geburtstag
  von Ihrer Mutter

Kultur: Der Lebenslauf

Lebenslauf is the German term for resumé. This document differs from a typical American resumé in a number of ways that will be discussed on the next page. The Lebenslauf *has a precise structure and format. As you see in the example on the right, it includes the following sections (in this order):*

- Persönliche Daten
- Ausbildung *education, including elementary, secondary, vocational and post-secondary schools, although vocational training* Berufsausbildung *and university education* Studium *may appear under separate categories*
- Berufserfahrung *work experience*
- Besondere Kenntnisse und Fähigkeiten *special skills, including language skills* Sprachkenntnisse *and computer skills* IT-Kenntnisse
- Hobbys und Engagement, *including* ehrenamtliche Tätigkeiten *volunteer work*
- Unterschrift und Datum

Textanalyse

Schauen Sie sich Sandra Lindners Lebenslauf an und beantworten Sie folgende Fragen:

1 Wo wohnt Sandra?
2 Woher kommt sie?
3 Wie alt ist sie heute?
4 Welchen Schulabschluss hat sie?
5 Wo hat sie studiert? Was hat sie studiert? Ist sie mit dem Studium fertig?
6 Wie lange hat sie im Ausland gelebt? Wo? Welche Sprachen kann sie?

SANDRA LINDNER

Derzeitige Adresse:	Ferdinandstr. 42 53127 Bonn Mobil: (0160) 23 00 534 E-mail: lindners@gmail.de
Heimatadresse:	Am Salzmarkt 17 49074 Osnabrück
Persönliche Daten:	Geburtsdatum: 12. Mai 1985 Geburtsort: Osnabrück Staatsangehörigkeit: deutsch Familienstand: ledig

Schule: 09.1991-07.1995 Grundschule Backhaus, Osnabrück
09.1995-08.1997 Orientierungstufe Innenstadt, Osnabrück
09.1997-06.2003 Ratsgymnasium Osnabrück
Hochschulreife
09.2003-07.2004 Kyoto Gaidai Nishi High School, Japan

Studium: 10.2004-07.2010 Rheinische Friedrich-Wilhelms-
Universität Bonn
Asiatische Sprachen (Übersetzen)
Abschluss: Masters
03.2007-08.2007 Waseda University, Tokio

Sprachkenntnisse: Deutsch (Muttersprache), Japanisch (fließend), Englisch (gut)

IT-Kenntnisse: MS-Office Programme, Photoshop, InDesign

Hobbys und Interessen: Japanische Literatur, Ski fahren, Klavier

Ehrenamtliche Tätigkeit: Vorstandsmitglied, Deutsch-Japanische Gesellschaft Bonn, e.V.

Bonn, 8.10.2010 *Sandra Lindner*

professional qualifications – 34, 38

Kultur: Das deutsche und das amerikanische Bildungssystem

schooling – 2, 9, 48, 49, 95

	USA	Deutschland			
	Graduate, Medical, Law School etc.			Hochschule Berufsakademie	Universität
16	College/				
15	University				
14				Fachschule	
13					Gymnasium
12	High School				
11		Praktikum Berufsausbildung			
10				Realschule	
9		Hauptschule Sekundarschule			
8	Middle School				
7					
6					
5	Elementary				
4		Grundschule			
3					
2					
1					
	Kindergarten	Kindergarten			
	Preschool				

subordinating word order – 48

Kultur: *Education in Germany*
The educational system in Germany can differ some from state to state. All students attend a Grundschule for 4 years, then parents generally decide which school their children will attend. The vocationally oriented Hauptschule has been renamed in most states. In the former East German states, the Sekundarschule combines elements of the Hauptschule and Realschule. Many states also have Gesamtschulen, in which different types of school are housed in one building. The Abitur is an exam that students complete in their final year at the Gymnasium and is required for entrance to the Universität. School reform is currently the subject of much debate in Germany. Among other things, many states are eliminating the 13th grade at the Gymnasium.

Kultur-Vergleich Vergleichen Sie die zwei Bildungssysteme.
- In den USA / Deutschland geht man ___ Jahre auf ___ (+ Akk.), dann wechselt man auf die ___
- „Kindergarten" in den USA ist anders als „Kindergarten" in Deutschland.
- In den USA gibt es ___, aber in Deutschland gibt es ___.
- Wenn man in den USA von *High School* spricht, ist das anders als eine Hochschule in Deutschland.
- Wenn man in den USA / Deutschland an einer Uni studieren will, muss man ...

Sprachtipp: wenn *if, whenever*
Wenn *is a subordinating conjunction. Note: the conjugated verb is at the end of these* wenn-*clauses. If the entire* wenn-*clause is the first part of a sentence, then you must watch the word order in the following or main clause.*

Meine Schulausbildung Schreiben Sie in die Zeitleiste die Jahreszahlen, die zu den Phasen Ihres Lebens passen!

Jahr |----------------------|----------|--------------------|----------------|----------------------------|----------------|----------------------|

      Geburt   Kindergarten   Grundschule   *Middle School / High School*   Universität   Beruf

Meine Schulausbildung Beschreiben Sie Ihre Schulausbildung und Berufspläne für einen deutschen Leser. Verwenden Sie die Phrasen auf dieser und der gegenüberliegenden Seite. Denken Sie auch daran, was Sie erklären müssen, um interkulturell verstanden zu werden. *Note how the model uses and adapts phrases from this and the opposite page.*

		Modell
Einführungssatz	Meine Schulausbildung ist / war (un)typisch im Vergleich zu den meisten Amerikanern.	Meine Schulausbildung war typisch amerikanisch. Als ich 1996 fünf Jahre alt war, ging ich in den Kindergarten. „Kindergarten" in den USA ist das erste Schuljahr. Nach dem Kindergarten habe ich von der ersten bis fünften Klasse die Beckwith Grundschule besucht. Sie war sehr klein. Ich fand die Schule freundlich und schön. In der 6. Klasse ging ich auf eine Middle School. Die fand ich nicht so schön. Die Kinder waren nicht so freundlich. In der neunten Klasse ging ich auf die Jefferson High School. Jefferson ist mit 1800 Schülern eine sehr große Schule. Ich bin jetzt in der elften Klasse und ich finde meine High School super. Auf meiner High School gibt es viele Klubs und gute Lehrer. Nach dem High-School-Abschluss will ich an einer Uni studieren, vielleicht auch in Österreich.
Kindergarten und Grundschule	Als ich ___ war, ging ich auf die ___ Schule. In den USA geht man meistens ___ Jahre auf eine Grundschule.	
Die 6. bis 8. Klassen und die 9. bis 12. Klassen	In Deutschland muss man meistens nach der vierten Klasse entscheiden, ob man aufs Gymnasium und später zur Uni geht oder nicht. Hier ist das anders. Von der ersten bis fünften Klasse habe ich die ___ Grundschule besucht. Sie war ___. Ich fand die Schule ___. In der sechsten / siebten / achten Klasse ... Für die neunte / zehnte / elfte / zwölfte Klasse ... Auf meiner High School ist / war ___ sehr wichtig. Mein Lieblingsfach ist / war ___. Meine High School ist / war (un)typisch, denn ... Schüler müssen / dürfen (auch / nicht) ___. Viele Schüler ___. Ich fand / finde meine High School ___.	
Uni, College, Praktikum, Arbeit, Beruf	Ich studiere jetzt an einem College / an einer Uni. Nach dem High-School-Abschluss / College-Abschluss will ich ___. Ich mache jetzt ein Praktikum bei ___. Ich arbeite jetzt bei ___.	
Berufs- oder Ausbildungspläne	In der Zukunft möchte ich vielleicht ___ werden. Ich habe / suche gerade eine Stelle als ___.	

schooling – 2, 8, 48, 49, 95

✏ Lebenslauf gegen *Resumé* Welche Ähnlichkeiten *similarities* und Unterschiede *differences* gibt es zwischen dem deutschen Lebenslauf (wie im Beispiel am Anfang 1B) und dem typischen amerikanischen *Resumé*?

Denken Sie an die folgenden Fragen:
- Wie lang dürfen der Lebenslauf und das *Resumé* sein?
- Gibt es auf dem amerikanischen *Resumé* ein Foto?
- Schreibt man auf das amerikanische *Resumé* das Geburtsdatum? Den Familienstand?
- Wie werden die Informationen aufgebaut? Beginnt man mit den ältesten oder den aktuellsten *most current* Tätigkeiten?
- Nennt man auf dem deutschen Lebenslauf Referenzen (d.h. frühere Arbeitgeber, die Auskunft geben können)? Wie ist es in den USA?
- Werden Hobbys und Interessen erwähnt?
- Gibt es auf dem amerikanischen *Resumé* eine Unterschrift? Wie ist es mit dem Lebenslauf?

making comparisons – 120, 162, 173

Sprachtipps: *Making comparisons*
Auf dem Lebenslauf findet man ___, aber das gibt es nicht auf dem Resumé.
Auf dem Lebenslauf und dem Resumé gibt es Informationen zu ___.
Im Gegensatz zu dem Lebenslauf hat das amerikanische Resumé (kein/e/n) ___.
Der Lebenslauf ist anders als das Resumé, und zwar…

Kultur: Der Lebenslauf und persönliche Daten

The inclusion of a photo on a German Lebenslauf, *as well as personal information (date of birth and marital status), may strike Americans as potentially discriminatory. It should be noted, however, that article 3, paragraph 3 of the German* Grundgesetz *(the equivalent to the American Constitution) guarantees equal rights before the law.*

Niemand darf wegen seines Geschlechtes, seiner Abstammung, seiner Rasse, seiner Sprache, seiner Heimat und Herkunft, seines Glaubens, seiner religiösen oder politischen Anschauungen benachteiligt oder bevorzugt werden. Niemand darf wegen seiner Behinderung benachteiligt werden.

No person shall be favored or disadvantaged because of sex, parentage, race, language, homeland and origin, faith or religious or political opinions. No person shall be disadvantaged because of disability.

In spite of this law, tradition dictates that a photo and personal information appear on the German Lebenslauf. *Additional personal information, such as the names and professions of a candidate's parents, his/her children, religion, and state of health were once a standard part of the* Lebenslauf *but are no longer included today.*

📄 Ein Lebenlauf

Use the template on the right to create your own German Lebenslauf. It should be no longer than one page in length. Refer to the model texts. Remember to consider the following:

- **Foto**: *Include a passport-style photo in the upper right-hand corner. In the photo, you should be dressed in a manner appropriate to the job you are applying for.*
- **Daten**: *Remember that the day comes before the month and should be followed by a period.*
- **Chronologie**: *Place entries in chronological order from least to most recent.*
- **Studium**: *List institution, major field(s) and type of diploma, if completed.*
- **Berufserfahrung** *work experience: When you list past employment, give the name of the company and the department or area in which you worked, but do not include any description of job responsibilities.*
- **Praktika** *internships: List internships like jobs.*
- **Sprachkenntnisse** *language skills: Along with the languages you speak, indicate in parentheses your level of fluency:* Grundkenntnisse *basic skills,* gut, sehr gut, fließend *fluent,* Muttersprache *native language.*
- **IT-Kenntnisse** *computer skills: List the software programs you are familiar with.*
- **Ehrenamtliche Tätigkeiten; Hobbys**: *Do not list all of your volunteer work and hobbies, just the most recent or relevant to the job you are applying for.*
- **Ort, Datum, Unterschrift** *place, date, signature: These appear at the bottom of the* Lebenslauf.

NAME
Derzeitige Adresse:

Heimatadresse:

FOTO

Persönliche Daten:　　Geburtsdatum:
　　　　　　　　　　　Geburtsort:
　　　　　　　　　　　Staatsangehörigkeit:
　　　　　　　　　　　Familienstand:

Schulausbildung:

Studium:

Praktikum:

Berufserfahrung:

Sprachkenntnisse:

IT-Kenntnisse:

Hobbys und Interessen:

Ehrenamtliche Tätigkeiten:

Ort, Datum, Unterschrift

1C: Biografie

🦋 **Wichtige Informationen** Interviewen Sie einen Partner/eine Partnerin zu seinem/ihrem Leben. Berichten Sie dann darüber. Das Gespräch kann im Perfekt sein. Der Bericht sollte im Präteritum sein, wenn alles in der Vergangenheit war. Sonst kann man auch im Präsens schreiben, wenn die Informationen noch heute gelten.

	Gespräch	**Bericht**
Geburt	Wo und wann bist du geboren?	___ ist in [Stadt / Land] geboren.
Kindheit	Wie war deine Kindheit im Großen und Ganzen?	___ Kindheit war ___.
Jugend	Wo hat deine Familie gewohnt?	___ verbrachte seine Kindheit in ___.
Familie	Hast du eine große oder kleine Familie?	___ hat eine ___ Familie.
	Wie viele Geschwister hast du?	
	Was sind deine Eltern von Beruf?	___ Vater ist ___, ___ Mutter arbeitet als ___.
Schule	Welche Schulen hast du besucht?	___ geht / ging auf die __ Schule.
Ausbildung	Hast du eine Ausbildung gemacht?	___ macht / machte [Jahr] den Abschluss.
Studium	Was studierst du? Was möchtest du werden?	___ studiert / studierte ___.
Interessen	Wofür interessierst du dich? Was sind deine Hobbys?	___ interessiert / interessierte sich für ___.
Daten	Was sind wichtige Daten in deinem Leben und warum?	[Jahr] machte [Name] eine Reise nach Europa.
Erlebnisse	Erzähle von einem wichtigen Erlebnis *experience*!	
	Was hast du daraus gelernt?	___ lernte daraus, dass ....
Leistungen	Was sind die bemerkenswerten Leistungen *accomplishments* deines Lebens?	
	Worauf bist du stolz?	___ ist stolz auf [+Akkusativ].

life stages – 57

narrative past tense – 77

Sprachtipp: Präteritum *Narrative past*

You form the narrative past of regular verbs in this way.

Infinitive: **wohnen**	*Narrative past form:* **wohnte**

Conjugation:
ich wohnte	wir wohnten
du wohntest	ihr wohntet
er wohnte	sie wohnten

You have to learn the narrative past form of irregular verbs.

Infinitive: **gehen**	*Narrative past form:* **ging**

Conjugation:
ich ging	wir gingen
du gingst	ihr gingt
er ging	sie gingen

Leistungen beschreiben Wie schreibt man über Leistungen? Kombinieren Sie Phrasen aus Gruppe A mit Verben aus Gruppe B, um nützliche Ausdrücke zu bilden. Notieren Sie Ihre Ausdrücke in der Tabelle unter dem richtigen Beruf! Es gibt viele mögliche Kombinationen.

Gruppe A

ein Buch	König/in
einen Artikel	Bundeskanzler/in
einen Roman	Vorsitzende/r
Physik	ein großes Werk
Jura	einen Preis
Medizin	die Hauptrolle in einem Film
Abschluss	Führungsrollen in der Politik
eine Theorie	eine wichtige Stelle
einen Versuch	für / gegen _____

Gruppe B

beenden	machen
gewinnen	spielen
schreiben	studieren
kämpfen	werden

antreten *take (an office)*
durchführen *execute, carry out*
sich engagieren für *to be involved in, committed to*
erscheinen *appear*
übernehmen *assume, take over*
untermauern *support, prove*
veröffentlichen *publish*

Politiker/in	Schriftsteller/in	Künstler/in	Naturwissenschaftler/in
Bundeskanzlerin werden			

Informationen suchen Ergänzen Sie die Tabelle mit den Informationen aus dem Text! Dann unterstreichen Sie Ausdrücke in dem Text, die Sie in einer Biografie verwenden können.

Die erste Bundeskanzlerin Deutschlands, Angela Merkel, ist am 17. Juli 1954 in Hamburg geboren. Sie verbrachte den größten Teil ihrer Jugend in Brandenburg, wo ihr Vater eine evangelische Pfarrerstelle antrat. Nach dem Abitur studierte sie von 1973 bis 1978 Physik in Leipzig und promovierte 1986. Als die Wende kam, trat Merkel dem Demokratischen Aufbruch bei und wurde bereits im Februar 1990 Pressesprecherin der neuen Partei. Unter Helmut Kohl hatte Merkel das Amt der Bundesministerin für Frauen und Jugend, Naturschutz und Reaktorsicherheit inne. In den folgenden Jahren übernahm Merkel Führungsrollen in der CDU. Sie wurde 1998 Generalsekretärin der CDU, 2000 Parteivorsitzende, und 2005 Fraktionsvorsitzende im Bundestag. Im November 2005 wurde sie zur ersten Bundeskanzlerin der Bundesrepublik Deutschland gewählt.

A

Name	*Angela Merkel*
Geburt	
Jugend	
Familie	
Studium	
Wichtige Daten	
Leistungen	

Informationen wiedergeben Jetzt drücken Sie mit einem Partner/einer Partnerin diese Infos über Wiesel in schönen, vollständigen Sätzen aus. Schauen Sie auf das Modell und den Wortschatz von den letzten Seiten.

Name	Elie Wiesel
Geburt	1928 in Rumänien
Jugend	In Konzentrationslager Buchenwald im 2. Weltkrieg
Familie	jüdisch; Vater und Mutter starben im Konzentrationslager (KZ)
Wichtige Daten	1956 – ging nach NYC 1958 – erstes Buch *Nacht* seit 1963 – in den USA
Leistungen	engagiert sich für Menschenrechte 1986 – erhielt den Friedensnobelpreis

Recherche *research* Suchen Sie Informationen zu einer bekannten Figur in der deutschen Kultur. Wo finden Sie das?

Quelle *source*

Ergänzen Sie die Tabelle unten mit Informationen aus Ihren Recherchen. Dann schreiben Sie Ihre Notizen als vollständige Sätze.

Informationen	Notizen	Sätze
Name		
Geburt		
Jugend		
Familie		
Studium / Ausbildung		
Wichtige Daten		
Leistungen		

Was fehlt? Was möchten Sie noch wissen?

Ein Leben erzählen
Übung 1: Präteritum Schreiben Sie diese Sätze ins Präteritum um, damit die Sätze wie eine Erzählung wirken.

Sätze über Wiesel
- Elie Wiesel hat 1956 in New York einen Unfall.
- Er kann nicht mehr ohne fremde Hilfe laufen.
- Er muss danach ein Jahr im Rollstuhl verbringen.
- Er bleibt nach seiner Erholung in NY.
- Er arbeitet als Journalist für eine jiddische Zeitung.
- Er reist im Jahre 1965 in die UdSSR.
- Er schreibt über die Unterdrückung der Juden dort.
- Er macht in den folgenden Jahren durch seine Schriften
  immer wieder auf die Unterdrückung und Mißhandlung
  von Menschen aufmerksam.
- Er gewinnt 1986 den Friedensnobelpreis.
- Er engagiert sich später auch während des Krieges für
  die Kurden in Jugoslawien und 2006 gegen
  die humanitäre Krise in Darfur.
- Er schreibt über 40 Bücher.

Elie Wiesel

Elie Wiesel hatte 1956 in New York einen Unfall.

Übung 2: Konjunktionen und Adverbien Es gibt fünf koordinierende Konjunktionen und viele subordinierende Konjunktionen. In subordinierenden Sätzen steht das konjugierte Verb am Ende des Satzes. Was bedeuten die Konjunktionen und Adverbien unten?

Koordinierend	Subordinierend (z.B.)	
aber	als	bevor
denn	dass	nachdem
oder	ob	damit
sondern	weil	obwohl
und	wenn	

Übergänge *transitions* Mit Adverbien und Präpositionalsätzen machen Sie einen Übergang von einem Satz zum nächsten. Beispiele:
- in den folgenden Jahren   - (kurz) danach
- infolgedessen   - zehn Jahre später

making connections – 33, 53, 88, 145, 152

Übung 3: Sätze kombinieren Wie können Sie Satzpaare von der gegenüberliegenden Seite am besten kombinieren? Welche Kombinationen sind besser und warum? Schreiben Sie drei verschiedene Kombinationen. Passen Sie auf die Wortstellung auf!

Nachdem Wiesel 1957 in New York einen Unfall hatte, konnte er nicht ohne fremde Hilfe laufen.

📄 Übung 4: Thema ausarbeiten Wählen Sie ein Thema aus Wiesels Leben und schreiben Sie zwei Satzkombinationen, die dieses Thema betonen *emphasize.*

____ wichtige Daten aus Wiesels Leben

____ Wiesel als Menschenrechtler *human rights activist*

____ Wiesel als Journalist und Autor

💬 Übung 5: Feedback
Vergleichen Sie Ihre Sätze mit anderen in der Klasse! Haben Sie die besten Satzkombinationen gewählt, um Ihr Thema zu betonen? Wie könnten Sie Ihre Sätze noch verbessern?

Interesse wecken Wie schreibt man einen interessanten Text? Vergleichen Sie diesen Text über Angela Merkel mit Text A. Was wurde hinzugefügt, um das Interesse des Lesers zu wecken? Wie wurden diese Änderungen in den Text einbezogen? Finden Sie das effektiv? Wie könnte man diesen Text noch interessanter machen?

B   Eine Frau in höchster staatlicher Führungsposition – ein neues Kapitel in der Geschichte der Republik

„Evangelisch, geschieden, kinderlos, ostdeutsch": Mit diesen Worten beschrieb ein Journalist 2005 die erste Bundeskanzlerin Deutschlands. Woher kommt diese Frau und wie ist sie an die Macht gekommen? Die nun weltbekannte Angela Merkel ist am 17. Juli 1954 in Hamburg geboren. Sie verbrachte den größten Teil ihrer Jugend in Brandenburg in der DDR, wo ihr Vater eine evangelische Pfarrerstelle antrat. Nach dem Abitur studierte sie von 1973 bis 1978 in Leipzig Physik und promovierte 1986. Als die Wende kam, trat Merkel dem Demokratischen Aufbruch bei und wurde bereits im Februar 1990 Pressesprecherin der neuen Partei. So begann ihre politische Karriere. Unter Helmut Kohl hatte Merkel das Amt der Bundesministerin für Frauen und Jugend, Naturschutz und Reaktorsicherheit inne. In den folgenden Jahren übernahm Merkel Führungsrollen in der CDU, eine nach der anderen. Sie wurde 1998 Generalsekretärin der CDU, dann 2000 Parteivorsitzende und später 2005 Fraktionsvorsitzende im Bundestag. Im November 2005 wurde sie dann zur achten Bundeskanzlerin der Bundesrepublik Deutschland gewählt. Sie hat zwei Mal geheiratet, sich einmal scheiden lassen und hat keine Kinder. Sie ist heute eine der mächtigsten Frauen auf der Weltbühne und gehört zu der kleinen Gruppen von Frauen in Führungspositionen in der Weltpolitik. Viele wissen ihre Fähigkeiten zu schätzen. Sogar der ehemalige US-Präsident George W. Bush sagte, „Ich habe Angela Merkel viel zugehört. Sie ist von großer Weisheit."

✎ Fragen

1 Welche Rolle spielen die Zitate am Anfang und am Ende des Textes?
2 Welche Details oder Ausdrücke helfen dem Leser, die Informationen einzuordnen?
3 Welche Rolle spielt die Satzstellung?
   Wie viele von den Sätzen sind einfach [Subjekt + Verb + Sonstiges]?
4 Suchen Sie die rhetorische Frage! Was für einen Effekt hat die Frage?

Angela Merkel

Textanalyse Einen Modelltext lesen und analysieren kann hilfreich sein, wenn man selbst einen Text schreiben muss.

- Unterstreichen Sie Ausdrücke in der Biografie rechts, die Sie vielleicht verwenden wollen!

- Analysieren Sie, wann die Verben im Präteritum oder Präsens sind! Verstehen Sie warum?

- Analysieren Sie, wie Sätze kombiniert werden. Umkreisen Sie die Adverbien und Konjunktionen!

- Analysieren Sie, wie die Satzstellung variiert wird!

Elie Wiesel

C

Elie Wiesel wurde 1928 in Rumänien geboren. Während des Zweiten Weltkrieges wurde er zusammen mit seiner Familie und vielen anderen Juden aus seiner Heimat in das Konzentrationslager Auschwitz deportiert. Er und sein Vater wurden später in das Konzentrationslager Buchenwald verlegt. Dort starb sein Vater kurz vor der Befreiung des Lagers durch amerikanische Truppen. Elie Wiesel überlebte. Er studierte nach dem Krieg in Paris. Später arbeitete Wiesel als Journalist in Frankreich und Israel.

Im Jahr 1958 erschien sein erstes Buch, *Nacht*, das seine Erfahrungen in Buchenwald darstellt. Wiesel veröffentlichte seitdem über 50 andere Bücher, die das Judentum, den Holocaust und die Problematik von Menschenhass, Rassismus und Massenvernichtung thematisieren. Er siedelte 1963 in die USA über und wurde amerikanischer Staatsbürger. Er hatte in den folgenden Jahren Professuren an angesehenen Universitäten der USA inne und wurde zum Vertreter der Holocaust-Überlebenden. 1979 wurde er Vorsitzender des Holocaust Memorial Councils der Vereinigten Staaten.

Wiesel engagiert sich permanent gegen Rassismus, Gewalt und Unterdrückung, wofür er 1986 den Friedensnobelpreis erhielt. Ihm wurde auch 1992 die amerikanische Freiheitsmedaille verliehen. Er gründete zusammen mit seiner Frau die Elie-Wiesel-Stiftung, die gegen Intoleranz und Ungerechtigkeit kämpft. Die Stiftung, die mehr als 15 Millionen US-Dollar wert war, erlitt 2008 den Verlust des größten Teils ihres Vermögens im Zuge der Investoren-Affäre um Bernard Madoff.

Wiesel steht häufig im Licht der Öffentlichkeit, wenn es um Erinnerung und Gedenken an den Holocaust geht. Im Juni 2009 begleitete er den US-Präsidenten Obama und die Bundeskanzlerin Merkel bei ihrem Besuch im Konzentrationslager Buchenwald, wo er vor über 60 Jahren inhaftiert war. Dort behauptete er in seiner Rede, dass die Welt die Lehren des Holocausts noch nicht ausreichend gelernt hat. Doch sprach er auch von Hoffnung und Visionen für eine bessere Zukunft.

📄 Eine Biografie

Wie heißt Ihre Person?

Wofür ist er/sie bekannt?

Notieren Sie hier Ihre Quellen.

1. Schritt: Recherchieren Sammeln Sie Informationen zu Ihrer Person. Schreiben Sie die wichtigsten Informationen auf und notieren Sie die Stellen, wo Sie Ihre Informationen gefunden haben.
Fragen: Welche Details fehlen? Gibt es weitere Lebensphasen, Ereignisse oder Leistungen, die Sie erwähnen sollten?

2. Schritt: Eine Chronologie aufstellen Schreiben Sie die Notizen und Stichworte von Ihren Recherchen in vollständige Sätze um.
Fragen: Haben Sie die Sprachtipps in dieser Einheit beachtet? Sind die Verben richtig konjugiert?

3. Schritt: Thema feststellen Wählen Sie ein Thema für Ihre Biografie.
Fragen: Welche Fakten und Ausdrücke brauchen Sie, um dieses Thema hervorzuheben? Wie beginnen und schließen Sie Ihre Biografie?

4. Schritt: Interesse wecken Finden Sie weitere interessante Informationen zu Ihrer Person, die zu Ihrem Thema passen.
Fragen: Welche Strategien setzen Sie ein, um das Interesse der Leser zu wecken: Zitate, rhetorische Fragen, interessante Details oder Ausdrücke, Bilder und Grafiken?

5. Schritt: Sätze kombinieren
Fragen: Welche einfachen Sätze kann man gut kombinieren und wie? Wie sollte man die Sätze am besten ordnen, um bestimmte Informationen zu betonen? Sind die Verben in den Haupt- und Nebensätzen an den richtigen Stellen? Brauchen Sie weitere Informationen, um eine ausführliche und interessante Biografie zu schreiben?

6. Schritt: Feedback Lassen Sie Ihren Text von anderen lesen und kommentieren.

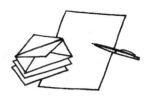

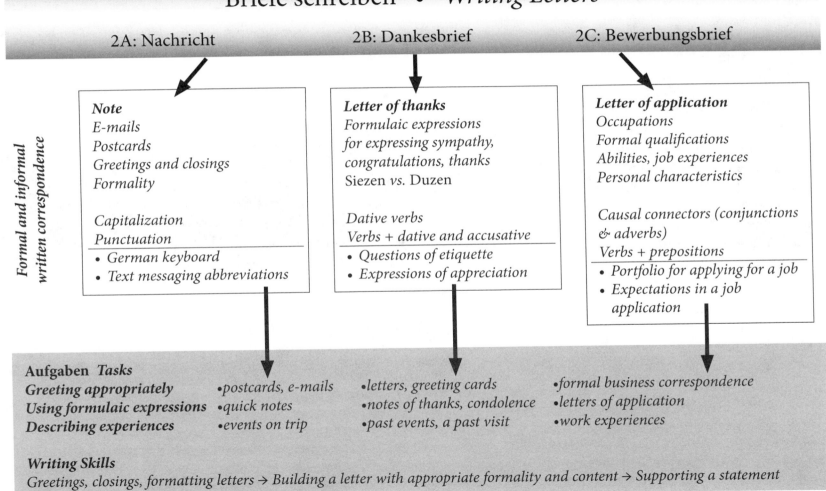

Briefe schreiben • *Writing Letters*

2A: Nachricht **2B: Dankesbrief** **2C: Bewerbungsbrief**

Formal and informal written correspondence

Note
E-mails
Postcards
Greetings and closings
Formality

Capitalization
Punctuation
- German keyboard
- Text messaging abbreviations

Letter of thanks
*Formulaic expressions
for expressing sympathy,
congratulations, thanks*
Siezen *vs.* Duzen

Dative verbs
Verbs + dative and accusative
- Questions of etiquette
- Expressions of appreciation

Letter of application
Occupations
Formal qualifications
Abilities, job experiences
Personal characteristics

Causal connectors (conjunctions
& adverbs)
Verbs + prepositions
- Portfolio for applying for a job
- Expectations in a job
  application

Aufgaben *Tasks*
Greeting appropriately
Using formulaic expressions
Describing experiences

- postcards, e-mails
- quick notes
- events on trip

- letters, greeting cards
- notes of thanks, condolence
- past events, a past visit

- formal business correspondence
- letters of application
- work experiences

Writing Skills
Greetings, closings, formatting letters → Building a letter with appropriate formality and content → Supporting a statement

2A: Nachricht

Wortschatz: *Computer and E-communication*
Was bedeuten diese Wörter auf Englisch?
der Absender
der Anhang
Antwort (AW)
der Benutzername
der Betreff – *topic*
chatten
E-mail checken
der Faden
die Mailbox
die Mails
eine Nachricht senden
das Passwort
die SMS
das WLAN

Sprachtipps: *Beginning letters*
In German written correspondence, the first sentence begins with the greeting. So, the first word of the body of the note is not capitalized, unless it is a noun or indicates formal "you." The initial greeting is usually set off by a comma. An exclamation point can also be used, especially in a more casual note.
In the greeting Liebe/Lieber ____, *be sure to match the ending on* Lieb- *to the gender and number of the recipient.*

Here are equivalents for a few of the less obvious words to the left:
~~topic~~   thread (forum)   attachment   Wi-Fi   text message

E-mailen *Compare the two e-mails A and B below. Which is more formal? Circle the elements that make the text more or less formal.*

Mail-Nachricht
Von: „Betty Huisman" <huismanb@school.org>
An: German 101 Klasse
Betreff: Hausaufgaben für Morgen

A

Liebe Schüler und Schülerinnen,
bitte bearbeiten Sie die ersten Seiten des Kapitels 2A und schreiben Sie mir eine E-Mail auf Deutsch zurück! Achten Sie dabei besonders auf die Anrede- und Grußformeln und andere Details auf der zweiten Seite. Bis Morgen!
Schöne Grüße,
Frau Huisman

Mail-Nachricht
Von: „Else Schlag" <eks71@server.de>
An: „Kara"
Betreff: Filmabend

B

Hi Kara!
kannst Du Freitagabend um 10? Früher geht nicht. Projekttreffen mit Stefan.
Alles Liebe,
Else

Wortschatz: Anreden und Grüße
Identify the greetings and closings from the e-mails on the opposite page. Add them to the lists below: salutations Anreden *and closings* Grüße. *The top ones in each group are somewhat more formal. What does each phrase mean?*

Anreden	**Grüße**
Sehr geehrte Frau ____ ,	Mit freundlichen Grüßen
_____	_____
Lieber ____ ,	Viele Grüße
Hallo ____ ,	_____
_____	Gruß und Kuß

Sprachtipps: *Formality in written correspondence*

1 *In written correspondence, capitalize the words indicating "you," including* du / dich / dir *and* ihr / euch. Sie / Ihnen *are capitalized in all contexts.*

2 *E-mails can have a range of levels of formality. They tend to be less formal than traditional letter correspondence. A greeting and closing, however, are still typical.*

3 **mfG** *or* **MfG** *is an abbreviation for* Mit freundlichen Grüßen, *the equivalent of "Sincerely," at the end of a letter. This is more formal than the other options in the list at left.*

opening and closing letters – 22, 27, 40

formality – 27, 28

Kultur: *The German keyboard*
There are several differences from the English keyboard. The most important are:

1 *To type the @ sign press Ctrl + Alt + Q.*
2 *Ö – one key right of L*
3 *Ä – two keys right of L*
4 *Ü – one key right of P*
5 *Y and Z are in opposite positions.*

Übung 1 *You are in an Internet cafe in Germany and decide to send an e-mail to one of your friends from German class – in German, of course!*

Übung 2 *Send an e-mail to your German teacher, making sure to use the vocabulary,* Sprachtipps *and models in this chapter. Is the level of formality appropriate?*
Challenge: Change your U.S. keyboard into a German keyboard first!

Nachricht erstellen

☐ Senden   ☐ Speichern   ☐ Abbrechen

[Mail] [Anlagen] [Sendeoptionen]

Von:

An:

Betreff:

Kultur: Simsen *to text message*

1 **Simsen** *is a colloquial verb based on the noun* **die SMS** *which stands for* Short Message Service Nachricht. *You can also say:* eine SMS senden.

2 *Because* SMS Nachrichten *are limited in length, an evolving system of abbreviations exists in Germany, just as in the USA. See how you do in identifying some German SMS-Kürzel.*

3 *Some of the most common or useful* Kürzel *leak from the SMS context into other types of casual correspondence, like e-mails, casual notes and postcards. Can you name some English examples?*

Simsen Abkürzungen *What do these abbreviations stand for? If you need some hints, match the long versions provided. What do they mean in English?*

AWS – *Auf Wiedersehen – Good-bye*
8ung
3n
www
mfg
GN8
GuK
div
Betr
Pg
GG
bb

nie, niemals, nirgendwo
Gute Nacht
Betreff
Bis bald
~~Auf Wiedersehen~~
Mit freundlichen Grüßen
Pech gehabt
Achtung!
großes Grinsen
Wir werden warten.
Gruß und Kuß
Danke im Voraus

Textanalyse *Compare the postcards C and D below. Review what the* Kürzel *mean. Which card is more casual and which elements make it so? How are the postcards addressed? List as many differences as you can.*

C

4.Juni
Hallo Ihr Lieben,
das Mittelmeer ist
wunderschön.
Viel Sonne und keinen
Stress. Wir fahren
morgen nach Rom.
GuK
Lena
PS Besucht ihr uns im August?

An:
Familie Kron
Birkenweg 27
89073 Ulm
Deutschland

D

Liebe Frau Huisman,
ich bin in Deutschland,
in Sachsen. Leipzig war
sehr schön. Morgen gehe
ich in der sächsischen
Schweiz wandern.

Vielen Dank für den
Deutschkurs!
mfG
Kyle Smits

Ms. B. Huisman
7233 Concord
Ann Arbor MI
48103
USA

1 Ansichtskarte *You are in Germany visiting the places you always dreamed of. Draft a postcard to one of your friends who took German with you – in German, of course!*

🗨 **Vergleich** *Share your postcards with a partner. What does your partner dream of visiting in Germany? Whose card is most engaging and why? Which card would the teacher most like to receive?*

Mit Luftpost
Par avion

📄 **2 Ansichtskarte** *Rework your first version into a postcard to send to your German teacher. Make appropriate changes to the* Anrede, Gruß, *sentences and vocabulary choices.*

📄 **3 Einen Brief schreiben** *Turn your second postcard into a slightly longer note to your teacher. Use the outline and tips to the right.* →

[city] [date.month.year]

Anrede

[**Sprachtipps**
1 *Remember the no cap rule here.*
2 *Use complete sentences.*
3 *Add a few more details.*
4 Es macht Spaß! *It's fun.*
5 Vielen Dank für Ihre Hilfe im Deutschunterricht.]

Gruß
[*signature*]

2B: Dankesbrief

Gratulieren, Kondolieren und Danken Zu welchen Anlässen *occasions* gratuliert und kondoliert man? Wann bedankt man sich? Was sagt man in diesen Situationen? Ergänzen Sie die Tabelle mit Wörtern und Ausdrücken von unten!

Wann gratuliert man?	Wann kondoliert man?	Wann bedankt man sich?
Man gratuliert zum/zur … *Geburtstag*	Man kondoliert nach einem/einer…	Man bedankt sich für (ein/e) …
Was sagt / schreibt man?	**Was sagt / schreibt man?**	**Was sagt / schreibt man?**
Herzlichen Glückwunsch!		

Wann?

Abitur	Krankheit
Geschenk	Glückwünsche
Einladung	Hochzeit
Tod	~~Geburtstag~~
Geburt eines Kindes	Unfall

Was sagt / schreibt man?

~~Herzlichen Glückwunsch~~
Mein herzlichstes Beileid
Ich wünsche dir alles Gute.
Herzlichen Dank!
Gute Besserung!

Ich möchte mich herzlich bedanken.
Ich danke dir von ganzem Herzen.
Ich bin in Gedanken bei dir.
Alles Gute zum neuen Lebensjahr!

Sprachtipps: Siezen oder duzen? Formell oder informell? Du oder Sie? Vor 50 Jahren war diese Frage in Deutschland leicht zu beantworten, denn man hat alle erwachsenen Menschen gesiezt, die keine Familienmitglieder oder engen Freunde waren. Heute ist das anders. Studenten duzen sich, und man wird auch an vielen Arbeitsplätzen und in vielen Geschäften und Restaurants geduzt. Also wenn Sie in Deutschland sind, müssen Sie vorsichtig sein und genau zuhören, wie man Sie anspricht.

Auch wenn Sie einen Brief schreiben, ist es wichtig zu wissen, ob Sie den Adressat duzen oder siezen. Danach wählen Sie eine passende Anrede *salutation* und einen passenden Gruß *closing*. Unten sehen Sie eine Liste von Anreden und Grußformeln. Markieren Sie, ob diese Ausdrücke **formell** (F), **informell** (I) oder **neutral** (N) sind!

Anreden

____ Hallo Lisa

____ Sehr geehrter Herr Steinmetz

____ Lieber Thomas

____ Guten Tag, Frau Ziegler

Grußformel

____ Mit freundlichen Grüßen

____ Bis später

____ Mach's gut

____ Alles Liebe

____ Herzliche Grüße

🗨 **Knigge-Fragen: Wie und wann sollte man sich bedanken?** Stellen Sie sich vor, Sie haben mit der Post ein Geburtstagsgeschenk von Ihrer Tante bekommen. Diskutieren Sie diese Fragen in Gruppen.

1 Wie bedanken Sie sich?
- mit einem Telefonanruf
- mit einer E-mail oder SMS
- mit einem handgeschriebenen Brief
- überhaupt nicht

2 Wann bedanken Sie sich?
- am selben Tag
- innerhalb einer Woche
- innerhalb eines Monats
- wenn ich sie das nächste Mal sehe
- überhaupt nicht

3 Sind Ihre Antworten typisch? Was machen die meisten Leute in Ihrer Kultur?

Kultur: Wer oder was ist Knigge? *Alfred Freiherr Knigge (1752–1796) was a German nobleman and author of* Über den Umgang mit Menschen *(On Conducting Oneself with Others, 1788). Over the centuries, the name* Knigge *has come to be associated with etiquette and proper manners in Germany. Today, phrases like* Businessknigge *or* Hochzeitsknigge *refer to appropriate ways of behaving in various situations. You can find numerous* Knigge *etiquette guides in any German bookstore or online.*

formality – 23, 28

opening and closing letters – 22, 23, 40

Ein Dankesbrief für ein Geschenk Unten sind zwei kurze Dankesbriefe. Welcher Brief ist formeller? Unterstreichen Sie die Wörter und Ausdrücke in den Briefen, die den formellen oder informellen Ton verdeutlichen!

A   Erlangen, den 26. 5. 2010

Sehr geehrte Frau Lehmann,

vielen herzlichen Dank für den wunderschönen Blumenstrauß, den Sie mir zum Geburtstag schicken ließen. Was für eine schöne Überraschung!

Die herrlichen Blumen haben den Kaffeetisch bei meiner kleinen Geburtstagsfeier wunderbar bereichert. Ich habe mich sehr darüber gefreut, dass Sie auf diese Weise an mich gedacht haben.

Während der vielen Jahre unserer Zusammenarbeit haben Sie mir unzählige gute Ratschläge gegeben, auf die ich gerne gehört habe und auch in Zukunft hören werde. Ich finde es sehr schön, dass ich Sie zum Kreis meiner Kollegen und Kolleginnen zählen darf.

Freundliche Grüße
von Ihrer
Hannelore Mertens

B   Regensburg, den 26. 5. 2010

Hallo Monika!

Ein riesiges DANKESCHÖN für den wunderschönen Pullover, den Du mir zum Geburtstag geschickt hast!! Wie Du weißt, ist Blau meine Lieblingsfarbe, und der Pullover passt perfekt zu der neuen Tweed-Hose, die ich mir neulich bei H&M gekauft habe. Das war echt lieb von Dir, an mich zu denken!

Zum Geburtstag habe ich ein Grillfest bei meinen Eltern gemacht – eingeladen habe ich viele alte Schulfreunde und neue Freunde von der Uni. Das Wetter war herrlich und ich glaube, es hat allen viel Spaß gemacht. Schade, dass Du nicht dabei sein konntest. Ich finde, Hamburg ist viel zu weit weg! Vielleicht könntest Du uns in den Sommerferien besuchen? Das wäre doch toll, denn Du fehlst mir sehr.

Liebe Grüße, auch an Thomas!
Deine *Carolin*

Fragen zu den Texten

- Wie ist die Beziehung *relationship* zwischen Hannelore und Frau Lehmann? Woher kennen sie sich?
- Was bedeutet „von Ihrer" am Ende und warum ist das nicht „Ihre"?

- Woher kennen sich Monika und Carolin wahrscheinlich? Wie ist ihre Beziehung?
- Was bedeutet am Ende „Deine" und warum ist es nicht „Dein"?

formality – 23, 27

Sprachtipps: *Dative verbs* Gratulieren *and* danken *are examples of dative verbs – verbs that always take objects in the dative case.*
Wir gratulieren **Ihnen** zur Hochzeit!   Ich danke **dir** für das schöne Geschenk.

Other common dative verbs include:

antworten **to answer someone**   gefallen **to be pleasing to someone**   glauben **to believe someone**   imponieren **to impress**
folgen **to follow**   gehören **to belong to someone**   helfen **to help**   passen **to fit, to suit**
      verzeihen **to forgive**

Übung *Using an element from each of the categories below, write four sentences that you might find in letters of congratulation, thanks or condolence. The verbs can be in any tense. Feel free to add additional words or phrases!*

Subjects		
ich	es	der Abend
du	Sie	die Musik
er	ihr	das Geschenk
sie	der Pullover	das Essen

Dative verbs		
danken	antworten	passen
gefallen	imponieren	verzeihen
gratulieren	gehören	

Objects		
mir	uns	euch
dir	Ihnen	

Other phrases		
so lange	ausgezeichnet	
sehr gut	für deine Hilfe	
zum Geburtstag	erst jetzt	

zu deiner neuen Stelle *on your new job*
für die Verzögerung *for the delay*

Der schöne Pullover passt mir ausgezeichnet!

Sprachtipps: *Verbs with dative and accusative objects*
The verbs on the last page, which take the dative case for **direct** *objects, should not be confused with verbs that can take both a* **direct** *object (in the accusative case) and an* **indirect** *object (in the dative case). These verbs include:*

geben *to give*　　　　　　zeigen *to show*
schenken *to give as a gift*　schreiben *to write*
schicken *to send*　　　　　versprechen *to promise*

Übung 1 Unterstreichen Sie die Dativ- und Akkusativobjekte in diesen Sätzen! Markieren Sie das Objekt mit "D" für Dativ und "A" für Akkusativ.

Zum Geburtstag haben mir meine Eltern einen neuen

Computer versprochen. Mein Bruder schenkt

mir wahrscheinlich ein Buch. Meine Oma schickt mir

und meinem Bruder jedes Jahr einen selbstgestrickten

Pullover zum Geburtstag. Ich schreibe ihr immer einen

Dankesbrief, aber mein Bruder ist zu faul dazu.

Übung 2 Lesen Sie den Brief (rechts) von Paul, einem amerikanischen Studenten, an seine deutsche Gastfamilie. Machen Sie einen Kreis um alle **Dativverben** und unterstreichen Sie alle **Verben, die ein Dativ- und ein Akkusativobjekt** haben!

Miami, den 29. August 2010

Liebe Inge und lieber Thomas,

für die schönen Tage, die ich bei Euch verbringen durfte, möchte ich Euch herzlich danken. Ich habe mich bei Euch zu Hause sehr wohl gefühlt. Meinen Aufenthalt in Deutschland, vor allem bei Euch in Kassel, werde ich nie vergessen.

Ich bin Euch besonders dankbar, dass Ihr mir die Stadt Kassel und Umgebung gezeigt habt. Wirklich toll habe ich das Schloss Wilhelmshöhe und den Tierpark Sababurg gefunden. Auch die Radtour an der Weser hat mir richtig Spaß gemacht. Meine Fotos von den Fachwerkhäusern haben meinen Eltern imponiert – solche alten Häuser gibt es bei uns natürlich nicht!

Herzlichen Dank auch für die leckeren Mahlzeiten! Wie Ihr wisst, waren für mich viele Gerichte neu, aber das deutsche Essen hat mir sehr gut geschmeckt, besonders die Brötchen zum Frühstück und der weiße Spargel. Und natürlich auch das Eis, der Erdbeerkuchen und so vieles mehr! Ich bekomme Hunger, wenn ich nur daran denke!

Ich würde mich sehr freuen, wenn Ihr mich und meine Familie in Miami mal besuchen würdet. Deshalb wollte ich Euch dieses Buch mit Bildern aus meiner Heimatstadt schenken – ich hoffe, dass es Euch gefällt.

Viele herzliche Grüße, auch an Christine und Michael
Euer *Paul*

📄 Ein Dankesbrief

1. Schritt: *Imagine you have just returned from a visit to (real or fictional) friends in Germany. Now it is time to write a letter of thanks. Brainstorm some ideas about your visit and make note of them. Where do your friends live? What kinds of things did you do during your visit? What did you enjoy the most?*

2. Schritt: *Use the text builder below to grab words and phrases from Paul's letter. On the right are some other phrases you could use in composing your letter. Note: You should avoid beginning your* Einleitungsabsatz *with* **ich**.

Was schreibt Paul?		Was können Sie sonst schreiben?
Liebe Inge, lieber Thomas	**Anrede**	Hallo, ___! Sehr geehrter Herr ___ / Sehr geehrte Frau ___ Guten Tag, ___
	Einleitungsabsatz *introductory paragraph*	Herzlichen Dank für… Für ___ möchte ich mich bedanken. Ich weiß nicht, wie ich Euch danken soll!
	Einzelheiten *details*	Besonders schön war… Am besten fand ich… Mir hat ___ besonders gut gefallen.
	Schlussabsatz *closing paragraph*	Nochmal vielen Dank! Ich hoffe, ich kann mich mal revanchieren! *I hope I can repay you some time!*
	Gruß *closing*	Liebe Grüße aus… Alles Gute Mit herzlichen Grüßen

3. Schritt: *Proofread your letter. Did you choose an appropriate opening and closing? Did you comment on specific aspects of the visit? Did you use dative and dative / accusative verbs correctly?*

2C: Bewerbungsbrief

Berufsfelder Kreuzen Sie die Berufe an, die Sie interessant finden, und kreisen Sie den Beruf ein, den Sie wahrscheinlich ergreifen. Wenn Sie Ihren Traumberuf nicht finden, schreiben Sie ihn in das passende Feld!

professions – 13

Bau / Architektur	Dienstleistung	Gesundheit
Ingenieur/in	Koch/Köchin	Diätberater/in
Architekt/in	Polizist/in	Rettungssanitäter/in
Raumausstatter/in	Hotelkaufmann/frau	Physiotherapeut/in
Stadtplaner/in		Arzt/Ärztin
		Apotheker/in
IT / Computer	**Kunst / Kultur**	**Natur / Umwelt**
Software-	Choreograf/in	Tierarzt/Tierärztin
entwickler/in	Maskenbildner/in	Forstwirt/in
Informatiker/in	Ausstellungs-	Gärtner/in
Web-Designer/in	designer/in	
Medien	**Naturwissenschaften**	**Pädagogik/Soziales**
Bibliothekar/in	Biologe/Biologin	Sozialarbeiter/in
Graphikdesigner/in	Chemiker/in	Lehrer/in
Journalist/in	Statistiker/in	Theologe/Theologin
Dolmetscher/in	Ozeanograf/in	
Übersetzer/in		
Produktion	**Verkehr / Logistik**	**Wirtschaft / Verwaltung**
Modedesigner/in	Pilot/in	Rechtsanwalt/anwältin
Bäcker/in	Reiseberater/in	Buchhalter/in
Tischler/in	Automobilkaufmann/ frau	Politiker/in

💬 **Berufswünsche** Sprechen Sie in Gruppen über Ihren idealen Beruf, und erklären Sie, warum Sie diesen Beruf ergreifen möchten.

In meinem künftigen Beruf möchte ich gern ___.
- viel Kontakt mit Menschen haben
- Menschen helfen
- etwas Kreatives machen
- forschen *do research* und Neues entdecken
- mit Kindern arbeiten
- mit Zahlen und / oder Computern arbeiten
- mit Texten arbeiten

In diesem Beruf hätte ich die Möglichkeit, ___ zu arbeiten.
- in der Natur / auf dem Land
- im Ausland
- in einer Großstadt
- mit vielen anderen Menschen
- im Labor
- selbstständig *independently*

Mir ist auch wichtig, dass ich ___ habe.
- ein hohes Gehalt *high salary*
- großes Ansehen *high status*
- flexible Arbeitszeiten
- keinen Stress
- abwechslungsreiche Tätigkeiten *diverse activities*

Sprachtipps: *Causal connectors* In German, there are *a number of ways to give reasons for something. These include:*

Conjunctions

denn *because*   damit *so that*
weil *because*   da *since*

Except for denn, *these are subordinating conjunctions, which means the verb goes to the end of the clause.*

Da ich sehr gern mit Kindern arbeite, möchte ich Grundschullehrer von Beruf werden.

Prepositions

aufgrund *on the basis of [genitive preposition]*
wegen *on account of [genitive preposition]*

A prepositional phrase may be positioned at the beginning of a sentence or after the verb, depending on the emphasis you wish to give it.

Aufgrund meines Interesses an Computern habe ich mich entschieden, Informatikerin zu werden.

Adverbs

deshalb
deswegen   *All four of these words can be used in place of the phrases **for that reason, that's why**, or **therefore**.*
daher
darum

These four adverbs take first position in a clause and draw a connection between a statement and a reason for it.

Ich bin am liebsten draußen in der Natur. **Daher** war mir schon immer klar, dass ich Gärtner werden sollte.

Infinitive phrases

um…zu *in order to*

An infinitive phrase with um…zu *is usually placed at the end of a sentence but may also precede the main clause. It is always set off with a comma.*

Um mich auf einen kreativen Beruf vor**zu**bereiten, möchte ich ein Praktikum bei einer Modedesignerin absolvieren.

making connections – 17, 53, 88, 145, 152

Übung: Zusammenhänge erstellen Verbinden Sie die Sätze mit Wörtern oder Ausdrücken von oben.

1 Ich habe eine leidenschaftliche Liebe für Tiere. Ich möchte Tierärztin werden und mit Tieren aller Art arbeiten.

2 Ich wollte schon immer in einem großen Haus am Wasser wohnen. Es ist mir sehr wichtig, dass ich in meinem Beruf ein hohes Gehalt habe und mein Traumhaus kaufen kann.

3 Ich arbeite viel lieber mit Zahlen als mit Menschen. Ich studiere Mathematik und möchte Statistiker werden.

Formale Qualifikationen Um eine Stelle zu bekommen, muss man qualifiziert sein. Das heißt, man muss eine passende Ausbildung *education* haben, sowie die richtigen Erfahrungen *experiences* und Kenntnisse *knowledge*.

Formale Qualifikationen stehen im Lebenslauf, aber es ist auch sinnvoll, vorteilhafte Aspekte der eigenen Ausbildung, sowie interessante Erfahrungen und Kenntnisse in Ihrem Bewerbungsbrief hervorzuheben. Die folgenden Ausdrücke können dafür nützlich sein:

professional qualifications – 7, 38

eine Ausbildung *education, training* als ___
ein Praktikum *internship* bei ___
ein Voluntariat *volunteer work* bei ___
ein Studium *course of study* an ___

aufnehmen (nahm auf, aufgenommen) *to begin*
absolvieren *to complete*
abschließen (schloss ab, abgeschlossen) *to complete*
abbrechen (brach ab, abgebrochen) *to break off*

gute
praktische } Kenntnisse
umfangreiche *extensive* } Erfahrungen
wertvolle *valuable*

besitzen (besass, besessen) *possess*
sammeln *gain*
erwerben (erwarb, erworben) *acquire*
vorzeigen *demonstrate*
mitbringen (brachte mit, mitgebracht) *bring (into a job)*
zur Anwendung bringen *to apply*

eine Stelle *position, job* bei ___

anstreben *to aspire to*
annehmen *to accept*
erhalten *to get*
aufgeben *to quit*

Übung Schreiben Sie über die formalen Qualifikationen, die Sie bisher in Ihrem Leben erworben haben. Benutzen Sie dafür die Ausdrücke oben, wie in diesem Beispiel:

2004 absolvierte ich ein zweimonatiges Praktikum bei der Wells Fargo Bank in Minneapolis.

Persönliche Kompetenzen Neben formalen Qualifikationen werden für jeden Beruf persönliche Kompetenzen erwartet. Machen Sie ein √ neben die fünf Kompetenzen, die bei Ihnen besonders ausgeprägt sind, und machen Sie ein X neben die Kompetenzen, die Sie **nicht** besitzen. Welche Kompetenzen sind wichtig für Ihren künftigen Beruf?

____ rasche Auffassungsgabe *intelligence, quick thinking*
____ Ausdauer *persistence*
____ Belastbarkeit *ability to cope with stress*
____ analytisches Denken
____ dynamisches Denken
____ Durchsetzungsvermögen *perseverence*
____ Eigeninitiative *individual initiative*
____ Engagement *dedication*
____ Entscheidungsvermögen *decisiveness*
____ Flexibilität
____ Geduld *patience*
____ Kommunikationsfähigkeit
____ Kontaktfähigkeit
____ Kooperationsbereitschaft
____ Kreativität
____ Leistungsbereitschaft *commitment*
____ Motivationsfähigkeit
____ Organisationstalent
____ Pflichtbewusstsein *conscientiousness*
____ Selbstständigkeit *self-reliance*
____ Selbstvertrauen *confidence*
____ Teamfähigkeit
____ Verantwortungsbewusstsein *sense of responsibility*
____ Zuverlässigkeit *reliability*

Wie muss man sein? Sprechen Sie in Gruppen darüber, welche persönlichen Kompetenzen Menschen in den folgenden Berufen brauchen, um effektive Arbeit zu leisten.

Arzt/Ärztin *Engagement, rasche Auffassungsgabe*

Rechtsanwalt/ Rechtsanwältin

Polizist/in

Statistiker/in

Journalistin/in

Lehrer/in

Sozialarbeiter/in

Wie zeigt man das? Überlegen Sie sich, wie man die folgenden Kompetenzen im Berufsleben zeigt.

Belastbarkeit *Belastbarkeit zeigt man, wenn man ein großes Projekt unter Zeitdruck fertig stellt.*

Ausdauer

Kreativität

Zuverlässigkeit

da-compounds – 65

Sprachtipps: *Working with verb-preposition combinations*
Just as in English, there are many German verbs that work in combination with specific prepositions. For example:

*I am interested **in** a profession with a flexible work schedule.*
Ich interessiere mich **für** einen Beruf mit flexiblen Arbeitszeiten.

Even though the verbs in the English and German sentences are similar (to be interested in vs. sich interessieren für*), the prepositions that work in combination with the verbs are different (in vs.* für*). That is why it is important to learn some German verbs in combination with prepositions.*

In German, if the preposition is followed by something other than a noun, you need to use a da-*compound, followed by an infinitive phrase or subordinating clause.*
Ich interessiere mich **für** Chemie.
Ich interessiere mich **dafür**, im Labor **zu arbeiten**.
Ich interessiere mich **dafür, warum** Chemikalien giftig sind.

The following verb-preposition combinations can be useful when writing a letter of application. If the preposition can take either dative or accusative case, the case is indicated in brackets.

sich aus•kennen mit *to be familiar with*
bestärken in [+Dat] (eine Entscheidung) *to reinforce (a decision)*

sich bedanken für *to thank for*
bei•tragen zu *to contribute to*
bestehen aus *to consist of*
beteiligt sein an [+Dat] *to be involved in*
sich bewerben um *to apply for*
sich freuen auf [+Akk] *to look forward to*
sich freuen über [+Akk] *to be happy about*
sich informieren über [+Akk] *to get informed about*
teil•nehmen an [+Dat] *to participate in*
verfügen über [+Akk](Kenntnisse) *to have command of (knowledge)*
vertraut sein mit *to be familiar with*
zuständig sein für *to be responsible for*

Übung: Sätze verbinden Verbinden Sie die Satzhälften! Achten Sie darauf, dass Verben und Präpositionen zueinander passen!

An der Universität Konstanz nahm ich im März 2009
Die Arbeit im Verlag hat mich in meiner Entscheidung
Bei Kramer Communications war ich dafür zuständig,
Mit den MS-Office Programmen bin ich
Aufgrund meiner Erfahrungen in den USA verfüge ich
Ich spreche gut Japanisch und bewerbe mich deshalb
Über eine Einladung zu einem persönlichen Gespräch

über gute Kenntnisse der amerikanischen Kultur.
Kunden aus Japan zu betreuen.
um die Stelle als Dolmetscherin (Japanisch-Deutsch).
würde ich mich sehr freuen.
bestärkt, Journalismus zu studieren.
an einem Fortbildungsseminar für Geologen teil.
durch meine Arbeit im IT-Bereich völlig vertraut.

Eine Stellenanzeige *job advertisement* Lesen Sie die Stellenanzeige (rechts) und beantworten Sie die Fragen!

1   Wie heißt die Firma, die eine/n neue/n Mitarbeiter/in sucht?

2   Was für eine Stelle wird bei der Firma besetzt?

3   Welche formalen Qualifikationen muss der Kandidat oder die Kandidatin haben? Welche persönlichen Kompetenzen?

4   An wen sollte der/die Kandidat/in die Bewerbung schicken?

5   Was bedeutet die Abkürzung „m/w" in der Anzeige?

Kultur: Die Bewerbungsmappe In Deutschland ist es für Jobsuchende üblich, eine Bewerbungsmappe zusammen zu stellen. Die Mappe wird mit dem Bewerbungsbrief an Arbeitgeber geschickt. Die Mappe enthält folgende Unterlagen (in dieser Reihenfolge):
1   ein Deckblatt *cover sheet* mit Foto und Kontaktdaten
2   ein Verzeichnis *table of contents* der Unterlagen
3   Kopien von Zeugnissen *transcripts* und Abschlüssen *diplomas*
Der Bewerbungsbrief wird nicht in, sondern auf die Mappe gelegt.

Seit mehr als 30 Jahren besteht Kramer Communications aus einem einzigartigen Team hoch qualifizierter Kommunikations- und Personalmarketingspezialisten. Wir entwickeln und realisieren Lösungen für Kommunikation und PR bei kleinen und großen Unternehmen.

Dolmetscher (m/w) Japanisch – Deutsch

Aufgaben
> Sie sind zuständig für das Dolmetschen und Übersetzen von Texten aus dem Japanischen ins Deutsche und umgekehrt
> Sie fungieren als neutraler Vermittler zwischen Geschäftspartnern. Sie dolmetschen für Mitarbeiter auf Geschäftsreisen und betreuen Kunden aus Japan

Ihr Profil
> Sie verfügen über eine erfolgreich abgeschlossene Sprachausbildung als Fremdsprachenassistent (m/w) oder Dolmetscher (m/w)
> Sehr gute Kenntnisse in Wort und Schrift in Japanisch und Deutsch sind zwingend erforderlich
> Kenntnisse in den MS-Office Programmen sind von Vorteil
> Persönlich überzeugen Sie durch Selbstvertrauen, Kommunikationsfähigkeit und Flexibilität

Zeigen Sie, was Sie können. Senden Sie uns Ihre Bewerbung per E-mail zu. Wir freuen uns auf Sie!

Kramer Communications
Geschäftsbereich Communication & PR
Petra Koch
Heinrich-Heine-Straße 44
40213 Düsseldorf
pkoch@kramer.de

Zwei Bewerbungsbriefe Katrin Peters und Susanne Lindner haben sich um die Stelle bei Kramer Communications beworben. Lesen Sie die Briefe und ergänzen Sie die Tabelle mit Informationen aus den Texten.

professional qualifications – 7, 34

	Katrin	Susanne
Ausbildung / Studium		
Berufserfahrungen	*japanische Texte übersetzt; Dolmetscherin für deutsche Kunden in Japan*	
Auslandserfahrungen		*1 Jahr Austauschschülerin in Japan; ein Semester in Tokio*
Kenntnisse / Fähigkeiten		

Bewerbung als Dolmetscherin und Übersetzerin (Japanisch-Deutsch)   **A**

Sehr geehrte Frau Koch,

Sie suchen eine Dolmetscherin und Übersetzerin mit sehr guten Deutsch- und Japanischkenntnissen? Ich spreche fließend Deutsch, Japanisch und Englisch und würde mich sehr freuen, meine Sprachkenntnisse bei Ihrer Firma zur Anwendung zu bringen.

Für die von Ihnen ausgeschriebene Stelle als Dolmetscherin und Übersetzerin bringe ich viele praktische Erfahrungen mit. Während eines vierjährigen Aufenthalts in Tokio habe ich auf freiberuflicher Basis japanische Texte ins Englische und Deutsche übersetzt und bei mehreren japanischen Firmen als Dolmetscherin für deutsche Kunden fungiert. Außerdem bin ich mit den Gepflogenheiten der japanischen Kultur sehr vertraut.

Nach dem Abitur (2003; Abiturfächer Englisch und Deutsch) habe ich zunächst das Studium der Anglistik an der Universität Heidelberg aufgenommen. Zusätzlich habe ich einen japanischen Sprachkurs besucht. Da ich mich in dieser Zeit immer mehr für Japan interessierte, habe ich mich entschieden, nach 4 Semestern eine Stelle als Englisch- und Deutschlehrerin an einer Sprachschule in Tokio anzunehmen. Aus familiären Gründen bin ich vor einem halben Jahr nach Deutschland zurückgekehrt.

Wie Sie diesem kurzen Abriss meiner Ausbildung und Berufserfahrungen entnehmen können, entspreche ich auf den ersten Blick nicht hundertprozentig den von Ihnen gestellten Anforderungen, da ich keine Sprachausbildung absolviert habe. Ich bewerbe mich dennoch um die Stelle, da ich glaube, genau die richtigen Kenntnisse und Fähigkeiten zu besitzen, um die Aufgaben dieser Stelle gut erfüllen zu können.

Davon möchte ich Sie gern in einem persönlichen Gespräch überzeugen. Für Ihre Antwort bedanke ich mich schon heute.

Mit freundlichen Grüßen,
Katrin Peters

B

Ihre Stellenanzeige bei Monster.de (Kennziffer GHP92049/2-E)

Sehr geehrte Frau Koch,

Ihre Anzeige bei Monster.de beschreibt genau die Position, die ich als Fortsetzung meines bisherigen Ausbildungsweges suche. Die ausgeschriebene Stelle als Übersetzerin und Dolmetscherin bietet mir eine wunderbare Gelegenheit, nach meinem Studium der japanischen Sprache und Kultur praktische Erfahrungen zu gewinnen.

Neben meiner Muttersprache Deutsch beherrsche ich Japanisch, da ich vor meinem Abitur ein Jahr als Austauschschülerin in Kyoto verbrachte. Diese Erfahrung hat mich in meiner Entscheidung bestärkt, Japanisch zu studieren und Übersetzerin zu werden. Zur Zeit stehe ich kurz vor dem Abschluss meines Masterstudiengangs in "Asiatischen Sprachen (Übersetzen)" an der Universität Bonn. Während meines Studiums verbrachte ich ein Auslandssemester an der Waseda University in Tokio.

Aufgrund meines Interesses für Japan und meiner Sprachfähigkeiten wäre ich sehr gern in Ihrer Firma tätig. Durch meine Auslandserfahrungen habe ich gelernt, auf interkulturelle Unterschiede zu achten, sowie flexibel und offen im Umgang mit anderen zu sein. Außerdem verfüge ich über Kenntnisse in den MS-Office Programmen, sowie in anderen Programmen wie Photoshop und InDesign.

Über eine Einladung zu einem persönlichen Gespräch würde ich mich sehr freuen. Dazu stehe ich Ihnen jederzeit zur Verfügung.

Mit freundlichen Grüßen,
Susanne Lindner

Anlagen
Lebenslauf
Zeugniskopien

Strukturanalyse Diskutieren Sie die folgenden Fragen.

1 Die **fettgedruckte** *bolded* Zeile am Anfang des Briefes ist der Betreff. Welche Funktion hat diese Zeile?

2 Ein Bewerbungsbrief ist ein formeller Text. Welche formelle Anrede *salutation* und welcher Gruß *closing* kommen hier vor? Was würden Katrin und Susanne vielleicht schreiben, wenn der Brief an eine Freundin (und nicht an eine potenzielle Arbeitgeberin) wäre?

3 Was steht in der Einleitung und im Schluss? Welche Funktionen haben diese Absätze?

Sprachanalyse Lesen Sie die zwei Briefe nochmal durch, und machen Sie einen Kreis um alle Kausalbegriffe, die Sie finden. Unterstreichen Sie die Stellen, wo Verben im Zusammenhang mit Präpositionen stehen!

🗩 Wer sollte die Stelle bekommen? Welcher Bewerbungsbrief hat Sie überzeugt? Wem würden Sie die Stelle geben? Erklären Sie warum (und benutzen Sie dabei Kausalbegriffe)!

Katrin hat schon als Dolmetscherin und Übersetzerin gearbeitet. Deshalb würde ich ihr die Stelle geben.

Elemente eines Bewerbungsbriefes

[Absendername
Straße
Ort
Telefonnummer]   Absendeort, Datum

[Firma
(Abteilung)
(Frau/Herrn ___)
Straße oder Postfach
Postleitzahl Ort]

Betreff

Sehr geehrte(r) Frau/Herr ___ *oder*
Sehr geehrte Damen und Herren,

[Einleitungsabsatz]

[Weitere Absätze]

[Schlussabsatz]

Mit freundlichen Grüßen
Unterschrift

Anlagen

Absendeort und Datum In geschäftlichen Briefen werden Ort und Datum immer angegeben. Vergessen Sie nicht, dass der Tag **vor** dem Monat geschrieben wird.

Empfänger *recipient* Bei größeren Firmen ist es sinnvoll, die zuständige Abteilung zu nennen. Wenn Sie wissen, wer Ihre Bewerbung bearbeiten wird, adressieren Sie den Brief an sie/ihn.

Betreff *subject of letter* Der Betreff ist ein Element des deutschen Geschäftsbriefes, das es in den USA nicht gibt. Bei einem Bewerbungsbrief heißt es oft Bewerbung um die Stelle als ___.

Anrede In einem Geschäftsbrief heißt es immer Sehr geehrte Frau (Schmidt) oder Sehr geehrter Herr (Meyer). Vorsicht: Liebe Frau Schmidt ist zu vertraut und deshalb inakzeptabel in einem Bewerbungsbrief. Wenn Sie den Namen der zuständigen Person nicht wissen, schreiben Sie Sehr geehrte Damen und Herren.

Gruß Mit freundlichen Grüßen ist typisch für einen Bewerbungsbrief.

Anlagen *enclosures* Hier können Sie angeben, dass Sie einen Lebenslauf und andere Unterlagen mit dem Bewerbungsbrief mitschicken.

📄 Ein Bewerbungsbrief

1. Schritt: Ein Stellenangebot finden Suchen Sie ein interessantes Stellenangebot, um das Sie sich bewerben möchten. Viele Angebote gibt es im Internet bei Jobbörsen wie Monster.de! Drucken Sie das Stellenangebot aus, damit Sie es mit Ihrem Bewerbungsbrief abgeben können.

2. Schritt: Elemente des Bewerbungsbriefes Ein Bewerbungsbrief ist ein formeller Text, der bestimmte Elemente enthalten muss. Auf der gegenüberliegenden Seite sehen Sie ein Muster für Ihren Brief. Halten Sie sich **genau** daran, und passen Sie auf, dass der Brief nicht länger als eine Seite wird.

3. Schritt: Einleitung In dem ersten Absatz sollten Sie das Interesse der Leser wecken, damit sie weiterlesen möchten. Benutzen Sie den empfängerorientierten **Sie-Stil**: statt **ich suche**, schreiben Sie **Sie suchen**. Die Firma hat ein Problem – sie braucht eine/n Mitarbeiter/in – und Sie könnten die Lösung für dieses Problem sein! Beziehen Sie sich auf den Text des Stellenangebots und nennen Sie kurz Ihre Qualifikationen und / oder Kenntnisse.

4. Schritt: Warum Sie die/der Richtige für den Job sind Hier wollen Sie sich „verkaufen", indem Sie zeigen, warum Sie den Job bekommen sollten. Weisen Sie auf Ihre Stärken hin!
Nennen Sie Ihre formalen Qualifikationen, die zu der Stelle passen: Abschlüsse, die Schwerpunkte des Studiums, Kenntnisse (wie z.B. Fremdsprachen, die Sie sprechen) und Erfahrungen.
Erwähnen Sie Ihre persönlichen Kompetenzen, die zeigen, warum Sie die/der Richtige für den Job sind. Passen Sie aber darauf, dass Sie nicht nur Ihre Kompetenzen auflisten, sondern auch konkrete Beispiele und Begründungen dafür geben. Besser als „Ich bin teamfähig" ist „Durch erfolgreiche Gruppenprojekte habe ich während des Studiums Teamfähigkeit entwickelt".
Erklären Sie, was Sie an der ausgeschriebenen Stelle besonders interessiert. Welche Möglichkeiten bietet der Job, und wie entspricht er Ihren Berufswünschen?

5. Schritt: Schluss Erwähnen Sie am Ende, wann Sie die Stelle antreten könnten, und dass Sie sich über ein Vorstellungsgespräch freuen würden.

6. Schritt: Korrektur lesen Lesen Sie den Brief nochmal durch. Es ist wichtig, dass es in dem Brief **keine** Grammatik- oder Rechtschreibfehler gibt. Stellen Sie sich vor, Sie wären ein/e Arbeitgeber/in. Ist der Brief überzeugend? Würden Sie den Bewerber oder die Bewerberin zu einem Vorstellungsgespräch einladen?

Zwischenspiel: *Top Ten Student Writing Errors You CAN Avoid*

#10   ***Referring to all things as "es."*** *It may seem irreverent to refer to a turnip as "she" and a lovely young maiden as "it," but you really should! Always remember to refer to nouns with their correct gender pronouns.*

#9   ***Forgetting to capitalize nouns.*** *Just do it!*

#8   ***Mixing up* ie *vs.* ei.** *Remember the simple phrase* "Ein Bier." *Visualize the phrase written out.*

#7   ***Overlooking the gender and plural distinctions,*** *for example,* der Freund, die Freundin, die Freunde. *Most nouns for people have feminine and masculine forms and the plurals are not easily predictable for second language learners. In particular, learners often write the plural "die Freunde" with an "n" at the end. This occurs only in dative-plural contexts.*

#6   ***Forgetting to write the verb at the end of subordinating clauses****, for example, following* dass, wenn *and* weil.

#5   ***Neglecting to make the verb match the grammatical subject.*** *Proofread!*

#4   ***Mixing up* das *and* dass.** *To indicate "the" + neuter nouns, or "that (thing there)" use "*das.*" The other word "*dass*" is a subordinating conjunction joining two clauses.* Dass *joins more words and has more s's.*

#3   ***Choosing the wrong German word,*** *which can be confusing – and sometimes amusing – for your readers. To avoid this, work through the Zwischenspiel:* Wörterbuchtipps *located after Chapter 4.*

#2   ***Forgetting the "Verb-Second" rule for main clauses****. The conjugated verb wants to be second. If you begin a sentence with an adverb, object, or other phrase or clause, the conjugated verb comes second, followed by the subject. For example,* <u>Bald lesen Sie</u> den schlimmsten aber auch leicht vermeidbaren Fehler der Deutschlernenden beim Schreiben. *Soon you'll read the worst but still avoidable writing error for learners of German.*

#1   ***Translating a stream of thoughts and idiomatic expressions directly from English into German.*** *This results in painful, difficult to understand German and causes unnecessary headaches for your readers. Don't think English first! Your "easy" solution? Follow the MPG approach of* Schreiben lernen. *For a refresher on what the MPG approach means, see the Preface page "What's the Big Idea?"*

Autobiografisches Schreiben • *Autobiographical writing*

3A: Familientraditionen 3B: Kindheit 3C: Erlebnis und Identität

Factors of identity

Family traditions
Holidays and traditions
Time expressions

Standard sentence order
Stem-changing verbs
Modal verbs
Infinitive clauses
School vacations
Christian holidays

Childhood
Schooling
Religion and faith
Home and heritage
Aspects of identity

Expressing "to like" (mögen, gefallen, gern)
Subordinating word order, als, weil, denn, da
Considering knowledge of the reader
School systems
Church membership

Experiences and identity
Home and national pride
Impressionistic descriptions
Factors of identity
Describing important past events

Adjectival nouns
Anticipatory Da-words
German-Americans
World War II
Overcoming the past
„Deutschland, meine Heimat"
„Was bedeutet es, Deutscher zu sein?"

Aufgaben *Tasks*
Writing about experiences •*holidays* •*schooling, past memories* •*past conversations, events*
Interpreting experiences •*typical or not* •*positive or negative* •*how events shape identity*
Creating rich descriptions •*making useful comparisons* •*multisensory descriptions*

Writing Skills
Recounting events in present or past → Making statements about the nature of events →
Engaging the reader with interesting descriptions → Connecting events and identity

3A: Familientraditionen

Feiertage Welche Feiertage sind für Sie wichtig? *Check the holidays that are important for you.* Was assoziieren Sie mit diesen Feiertagen?

- Neujahr
- Karfreitag
- Ostern
- Ostermontag
- Rosch ha-Schana
- Chanukka

- Pfingsten
- Ramadan
- Weihnachten
- Kwanzaa
- Allerheiligen
- Erntedankfest

- Valentinstag
- Tag der deutschen Einheit
- der amerikanische Unabhängigkeitstag
- Silvester
- Muttertag

Feiertage *Discuss each holiday briefly with a partner.*

1   In welchem Monat oder in welcher Jahreszeit ist der Tag? Was assoziierst du mit diesem Feiertag?

Weihnachten ist im Dezember. Ich assoziiere mit Weihnachten den Weihnachtsbaum, Geschenke, Schnee und Schulferien.

2   Feierst du das mit deiner Familie? Wann und wie feiert ihr?

Meine Familie ist nicht besonders religiös aber wir gehen an Weihnachten in die Kirche. Es gibt auch immer ein großes Festessen.

---

stem-changing verbs – 69

Sprachtipps: *Stem-changing verbs* *Verbs such as* essen, fahren *and* schlafen *are irregular in the* du- *and* er- *forms.*

essen (isst)	*to eat*	**fahren (fährt)**	*to drive*	**schlafen (schläft)**	*to sleep*
ich esse	wir essen	ich fahre	wir fahren	ich schlafe	wir schlafen
du isst	ihr esst	du fährst	ihr fahrt	du schläfst	ihr schlaft
er isst	sie essen	er fährt	sie fahren	er schläft	sie schlafen

Wortschatz   Meine Familie

feiert	immer – oft – manchmal – selten – nie
	jedes Jahr – jeden Sommer ___.
	im Sommer/ Herbst / Winter / Frühling
isst	an / am / zu ___ ___, ___ und ___.
fährt	zum See / in die Berge / nach [*country or city*].
	zu Verwandten.

Kultur: **Feiertage** 1. und 2. Weihnachtsfeiertag *(December 25 and 26) are official holidays in Germany. Especially in southern Germany, state or school holidays often overlap with Christian religious traditions, such as* Pfingstferien *and* Christi Himmelfahrt.

🗨 **Traditionen** *Discuss a few of your family traditions. Use the phrases and model below. React to your partner.*
Was sind die Traditionen in deiner Familie? Was macht deine Familie …?

- zum Geburtstag
- zur Konfirmation
- zum Hochzeitstag
- in den Sommerferien (*Plural*)
- wenn ein Kind geboren wird
- zu einer Bar Mizwa
- in den Winterferien

Reaktionen

- Das macht meine Familie nie / selten / manchmal / oft.
- Ich finde das eine schöne Tradition.
- Oje! Das kann / will ich nicht machen.
- Das mache ich auch gern.
- Das klingt schön / idyllisch / interessant!
- Ach, ja?

Wir feiern jedes Jahr im Sommer den Hochzeitstag von meinen Großeltern. Sie sind seit 49 Jahren verheiratet. Meine Familie fährt im Juli zum See und macht ein Picknick. Dort kann ich schwimmen und Frisbee spielen. Die ganze Familie feiert mit. Es macht Spaß. Nächsten Sommer will ich auch mitfahren. Dann feiern meine Großeltern ihren 50. Hochzeitstag.

Sprachtipps: *Modal verbs*

1 *Modal verbs in the present tense follow these rules:*
   a *The singular and plural forms often have different stems or bases.*   Tina kann singen. Wir können singen.
   b *The ich- and er-forms have no added endings on the verb stem and look the same.*   ich will / er will
   c *If you use a modal verb, the corresponding infinitive goes at the end of the clause.*   Ich kann Frisbee spielen.

2 *Review your modal verb forms in the present tense.*

	to be allowed to	*to be able to*	*to like*	*to have to*	*to be supposed to*	*to want to*
ich	darf	kann	mag	muss	soll	will
du	darfst	kannst	magst	musst	sollst	willst
er	darf	kann	mag	muss	soll	will
wir	dürfen	können	mögen	müssen	sollen	wollen
ihr	dürft	könnt	mögt	müsst	sollt	wollt
sie	dürfen	können	mögen	müssen	sollen	wollen

Wie finden Sie diese Traditionen? *React in German to these German family traditions. How old do you guess the four persons are? Focus on the underlined phrases. How might you adapt these to say something about your own traditions?*

Rebecca: Ich habe jedes Jahr eine große Geburtstagparty und darf viele Freundinnen einladen.

Bärbel: Das ist keine große Tradition, aber wir gehen gern ins Restaurant. Ich glaube, es ist vielleicht nicht so teuer wie in den USA. Mein Mann und ich gehen oft am Wochenende essen. Ich muss dann nicht kochen und das finde ich gut.

Michael : Für Deutsche ist der erste Schultag sehr wichtig. Jedes Kind bekommt eine große Schultüte voller Süßigkeiten. Ich wohne seit Jahren in den USA, aber ich habe meinen Kindern am ersten Schultag eine Zuckertüte geschenkt.

Und in deiner Familie? Interviewen Sie eine/n Partner/in. Machen Sie sich Notizen. Berichten Sie später von dem Gespräch.

1. Wie feierst du deinen Geburtstag?
2. Feiern Amerikaner am ersten Schultag?
3. Was machst du am Ende des Schuljahres? Feiert ihr in der Familie das Ende des Schuljahres?
4. Was machst du in den Sommerferien?
5. Was sind die wichtigsten Feiertage in deiner Familie und wie feiert ihr?
6. Was gibt es bei deinen Familienfesten zu essen?

family – 4, 47, 75

Vicci: In den Sommerferien Am Ende des Schuljahres bekommen deutsche Schüler Zeugnisse. Wenn die Noten gut sind, geht unsere Familie am Anfang der Sommerferien ins Eiscafé. Wir nennen es das Zeugniseis. In unseren Ferien versucht unsere Familie mindestens eine Woche gemeinsam irgendwohin zu fahren, damit wir Zeit miteinander verbringen können. Danach mache ich oft eine Radtour mit meinen Geschwistern oder wir besuchen Freunde und Verwandte in anderen Ländern.

Zu Weihnachten Weihnachten feiern deutsche Familien am 24. Dezember abends. Zuerst geht unsere Familie in den Gottesdienst, dann fahren wir nach Hause und trinken Tee und essen Stollen und Plätzchen. Anschließend gibt es die Bescherung – das heißt, wir packen die Geschenke aus, die unter dem Weihnachtsbaum liegen. Zum Abendessen gibt es bei uns immer Toastbrot mit Lachs und Heringssalat. Oft sitzen wir bis sehr spät abends zusammen und genießen unsere Geschenke.

Mein /e Partner/in heißt ____. Er/Sie ....

📝 **In meiner Familie** Welche anderen Familientraditionen sind Ihnen wichtig? Was machen Sie oft zusammen, jeden Sommer oder immer wieder? Ist das typisch? *Draft a paragraph using the guide below. Use the vocab from this chapter and borrow from the models.*

Anfang *Opening*
Wir haben in meiner Familie eine gute / interessante / komische Tradition.
Ich weiß nicht, ob das eine Tradition ist, aber meine Familie macht das oft.
In meiner Familie feiern wir immer ___.

These *Main statement*
Es ist wichtig in meiner Familie,   ___ zu feiern.

        ___ zu ___.
        Zeit zusammen zu verbringen.
        oft zusammen Abendbrot zu essen.
        jeden Sommer nach New York zu fahren.
        jeden Sonntag ins Restaurant zu gehen.
        am Wochenende meine Großeltern zu besuchen.

Beschreibung der Tradition *Description of the tradition*

Subject	Verb	When	Where	What
Meine Familie	[er-*form*]	[*adverb*]	[*place*]	[*direct object*]
Meine Mutter und ich	[wir-*form*]			

Wortschatz
in den Sommer- / Frühlings- / Winter- / Schul- / Uni- ferien
zu + [Feiertag]

Zusammenfassender Satz *Summary statement*
Diese Tradition finde ich wichtig / doof / gut / schlecht / (nicht so) toll.
Ich finde diese Tradition ___.
Das macht immer Spaß.
Meine Familie ist (un)typisch. Viele Familien in unserem Freundeskreis machen das (nicht).

Kultur: Die Sommerferien (*plural*)
Summer vacation in Germany is unique for many reasons, including these two:
Schools have about a six-week summer vacation, and these vacations are staggered by state, so that not all states have the same vacation times. Many Germans have four to six weeks of paid vacation per year. Many families take lengthy vacations in den Sommerferien. *As a result, during the school holiday in a given state, one should not be surprised if paperwork takes longer to make its way through a bureaucratic process. Also, the sign* im Urlaub *on a small storefront means it is closed while the owners are on vacation.*

Q: How does German Sommerferien *compare with American summer vacation? What do you see as advantages and disadvantages of the two systems?*

family – 4, 47, 75

3B: Kindheit

Schulzeit Karolin erzählt von ihren Erinnerungen an die Grundschule. Unterstreichen Sie nützliche Phrasen.

Als ich sieben Jahre alt war, bin ich eingeschult worden. Normalerweise kann man auch schon mit sechs Jahren eingeschult werden, aber da ich im Sommer Geburtstag habe, haben meine Eltern sich entschieden, bis zum 7. Lebensjahr zu warten. Von 1990–1994 habe ich dann die Grundschule in Husum besucht. Von der ersten bis zur vierten Klasse hat mein Klassenlehrer Herr Mertens geheißen. Bei ihm hatten wir Deutsch, Mathematik und Sachunterricht. Meine Lieblingsfächer waren Englisch und Kunst, aber eigentlich hatte ich alle Fächer gern. Besonders schön fand ich den täglichen Gesprächskreis, wo wir jeden Morgen über den Plan für den Tag gesprochen haben und einige Kinder etwas erzählen durften. Als ich in der ersten und zweiten Klasse war, hat meine Mutter mich jeden Tag in die Schule gebracht, aber ab der dritten Klasse durfte ich mit dem Fahrrad zur Schule fahren.

🗩 **Die Grundschule** Sprechen Sie über Ihre Erfahrungen *experiences* in der Grundschule.

1   Wie alt warst du, als du in die Grundschule gekommen bist?
2   Wo und wann hast du die Grundschule besucht?
3   Wie hat dein/e Klassenlehrer/in in der ersten Klasse geheißen? Hattest du jedes Jahr eine neue Klassenlehrerin /einen neuen Klassenlehrer?
4   Was war dein Lieblingsfach? Welches Fach hattest du nicht gern?
5   Was hat dir an der Grundschule besonders gefallen? Was hast du nicht so gut gefunden?
6   Wie bist du zur Schule gekommen? Bist du mit dem Bus gefahren oder haben deine Eltern dich in die Schule gebracht?

Sprachtipp: als *and subordinating word order*

als – *"when, at a point of time in the past" – is a subordinating conjunction. The conjugated verb is placed at the end of the als-clause. When the sentence begins with this clause, then the conjugated verb of the next clause follows.* <u>Als ich sieben Jahre alt war,</u> **bin** *ich auf die Grundschule gegangen.*

🗩 **Meine Kindheit** *Discuss your childhood by completing each of these sentences.*

Als ich sehr klein war, …   Als ich 10 wurde, …
Als ich auf der Grundschule war, …   Als meine Famlie in ___ wohnte, …
Als ich in der vierten Klasse war, …   Als ich mein erstes Deutschquiz schreiben musste, …

🐦 In der Middle und High School

Sprechen Sie über Ihre Jahre in der Middle School und High School. Was war anders als in der Grundschule?

Sprachtipps: *Talking about schooling*

When indicating schools you attended, you have two options:
- **an** ODER **auf** [+Dativ] + **sein**

Von 1992 bis 1996 **war ich an** / **auf der** Park Elementary School.
- **auf** [+ Akkusativ] + **gehen** oder **kommen**

1997 bin ich auf die Murray Middle School gegangen.
2000 ist Tina auf die Hardy High School gekommen.

Die Klasse *is both a group of students and a grade. When indicating a grade, remember that the ordinal number must be either written out or followed by a period:*
1992 war ich in der ersten Klasse / in der 1. Klasse.

The concept of "graduating from a school" does not exist in Germany. Instead, one completes a diploma, using the phrase **einen Abschluss machen**.
Im Mai 2008 habe ich meinen High-School-Abschluss gemacht.

Studieren *is reserved for studying at a university. For talking about high school use* **lernen**.
Leider lernte ich nicht so viel in der Schule, aber von 2006 bis 2010 studierte ich Biologie am Trinity College.

Wortschatz: Schule

das Fach (die Fächer) *subject(s)*
die Klasse *class (group of students), grade*

gute / schlechte Noten bekommen

Klausuren	*tests*	
Aufsätze	*essays*	
Quizze		+ schreiben
Hausarbeiten	*papers*	
Berichte	*reports*	

Projektarbeit machen
Referate halten *to give presentations*

Nachhilfe geben *to tutor*
Nachhilfe bekommen *to get tutoring*

(für eine Klausur) lernen *to study (for a test)*
auswendig lernen *to memorize*
mit ___ beschäftigt sein *to be busy with ___*

stressig *stressful*   lustig *fun*
interessant *interesting*   langweilig *boring*
schwer *hard*   leicht *easy*

vor der Schule *before school*
nach der Schule *after school*

Sport treiben *to participate in sports*
Mitglied des ___-Teams sein
        to be a member of the ___ team
in dem ___-Klub aktiv sein

schooling – 2, 8, 9, 48, 95

studieren vs. lernen – 69

Über Religionen sprechen *Where do these words belong in the table below? Do you see the two different patterns?*

Jude   Hindu   atheistisch   Hinduistin   Jüdin   Buddhisten   Juden   Hindus   jüdisch   Buddhistin

	das Christentum	der Islam	der Atheismus	der Hinduismus	der Buddhismus	das Judentum
Gläubiger	Christ	Muslim	Atheist		Buddhist	
Gläubige	Christin	Muslima	Atheistin			
Mehrzahl	Christen	Muslime	Atheisten			
Adjektiv	christlich katholisch/evangelisch	muslimisch		hinduistisch	buddhistisch	
Gebäude	die Kirche der Dom	die Moschee		der Tempel der Schrein		die Synagoge

Meinungen austauschen   Diskutieren Sie über diese Fragen.

1   Mit welchen Ländern oder Kontinenten verbindet man die Religionen oben?
    Ich verbinde Christentum mit ___. Islam verbinde ich mit ___. Und du?

2   Welche Glaubensrichtungen sind typisch für die Einwohner in deiner Heimatstadt?
    Typisch für meine Heimatstadt ist ___. Viele sind ___, aber einige sind ___.

3   Bezeichnest du dich als Mitglied einer Religion? Wie war es für deine Eltern oder Großeltern?
    Ich würde sagen: ich bin ___. Meine (Groß-)eltern sind / waren ___.

4   Was für eine Rolle spielt Religion in deinem Leben?
    Religion spielt (k)eine große Rolle in meinem Leben.

5   Woran glaubst du?
    Ich glaube an + Akk.

Wortschatz *Here are some phrases to emphasize the individual nature of an opinion or belief.*

      aus meiner Erfahrung   *in my experience*
      meines Erachtens   *from my point of view*
      ich bin der Meinung, dass ...   *I am of the opinion that ...*
      in meiner Familie   *in my family*

expressing opinions – 94, 97, 99, 105, 114

Kultur: *Church membership*
The mainline Catholic and Protestant churches are supported through income taxes in Germany. An employee may choose which church to support and be entitled to participate in the ceremonies of that church, such as baptism, marrying and burial. One may also opt out of paying the church tax and thus terminate membership in that mainline church. Many other religions are practiced in Germany, including Islam, Judaism and branches of Christianity not associated with the Roman Catholic or state Protestant churches.

🗨 **Mein Heimatort** Interviewen Sie jemanden über den „Heimatort"! *Which place do you consider to be home?*
Take notes in the box.

1   Wann und wo bist du geboren?

2   Bist du oft umgezogen? Wo wohnt deine Familie jetzt?

3   Wo ist deine Heimat? Wofür ist deine Heimat bekannt?

4   Was gefällt dir an deiner Heimat?

5   Was nervt dich daran?

6   Gibt es einen Slogan oder ein Wahrzeichen für
    deine Heimat?

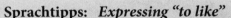

Heimat – 54

Information wiedergeben *Now summarize the
information from above by substituting the underlined
phrases in the paragraph below.*
Peter ist 1992 in Warwick, Rhode Island geboren. Rhode
Island liegt im Norden / Osten / Westen / Süden / in der
Mitte der USA. Seine Familie ist zwei Mal umgezogen. Sie
wohnt jetzt in Madison, Wisconsin. Wisconsin liegt in der
Mitte der USA.

Peters Heimat ist aber Rhode Island. Rhode Island ist
für die Brown University, die Rhode Island School of
Design, die Ostküste und seine lange Geschichte bekannt.
Der Ozean und die milderen Temperaturen gefallen
Peter dort. Es nervt Peter, dass die Leute dort im Schnee
nicht gut fahren können. Gibt es einen Slogan für Rhode
Island? Er kennt keinen, aber Rhode Island ist der kleinste
Bundesstaat Amerikas!

Sprachtipps: *Expressing "to like"*
- mögen *Use this modal verb for liking almost anything
  but especially people and foods.*
- VERB + gern *Use this combination for things you like to
  do.*
- gefallen [+ *Dative*] *This structure also expresses that one
  likes something:*
  Der Ozean gefällt ihm dort.
  Die milderen Temperaturen gefallen ihm dort.
  *The ocean is pleasing to him there. The mild temperatures
  are pleasing to him there.*
  *Notice that the thing being liked is the grammatical
  subject of the sentence and the person to whom it appeals
  is in the dative.*

dative verbs – 29

Wer bin ich? Wenn Sie über die Identität schreiben oder sprechen, können diese Wörter und Ausdrücke hilfreich sein.

describing people – ch. 1, 3, 122, 130, 143, 173

Familie und Freunde	**Erfahrungen** *experiences*	**Studium und Berufswünsche**
Verwandte *relatives*	der Umzug *move*	das Hauptfach das Nebenfach
der Mentor/die Mentorin	der Wettbewerb *contest, competition*	das Berufsziel *career goal*
der Trainer/die Trainerin *coach*	• Ein wichtiger Moment in meinem	• Ich studiere ___, denn ich möchte
• Eine einflussreiche *influential*	Leben war, als ich ___.	eines Tages …
Person in meinem Leben ist ___.	• Meine Erfahrungen bei ___ waren für	• Besonders faszinierend finde ich das
• Ich bewundere *admire* ___, denn …	mich entscheidend. *decisive*	Studium des/der ___, weil …
Interessen und Hobbys		**Heimat**
der Sport die Leidenschaft *passion*		das Zuhause die Heimatstadt
die Musik die Kunst	# ICH	• Wenn ich in ___ bin, fühle ich mich
• Ich interessiere mich für ___.		wohl.
• Ich fühle mich glücklich, wenn ich …		• Für mich ist ___ der schönste Ort auf
		der Welt.
Abstammung *heritage, descent*	**Nationalität und Sprache**	**Religion**
die Vorfahren *ancestors*	amerikanisch der/die Amerikaner/in	der Glaube *faith* gläubig *religious*
die Traditionen	kanadisch der/die Kanadier/in	• Der Glaube ist nicht so wichtig in
• Meine Vorfahren kommen aus ___.	deutsch der Deutsche/die Deutsche	meinem Leben, denn …
• Eine wichtige Tradition in meiner	• Ich bin Amerikaner/in, und für mich	• Mein Glaube spielt eine wichtige Rolle
Familie ist, dass wir jedes Jahr …	bedeutet das, dass ich …	in meinem Leben, zum Beispiel wenn
	• Ich bin stolz auf mein Land, denn …	ich …

🐦 **Meine Identität** Schauen Sie sich die Wörter und Ausdrücke (oben) an und sprechen Sie über diese Fragen:
- Was für eine Person bist du? Wie würdest du dich beschreiben? Wie würden andere dich beschreiben?

     Ich finde, ich bin (sehr / ziemlich / etwas) ___.   Ich glaube, andere würden mich als ___ beschreiben.

familienorientiert	schüchtern *shy*	zielstrebig *ambitious*	nervös
selbstständig *independent*	aufgeschlossen *outgoing*	motiviert	entspannt *relaxed*

- Was für eine Person möchtest du eines Tages *someday* werden?
- Welche Aspekte von deinem Leben sind besonders wichtig für deine Identität?
- Welche Personen und / oder Erfahrungen waren bisher *to this point* besonders wichtig in deinem Leben?

📄 Meine Kindheit

1. Schritt: *Choose a thesis* Determine a thesis for your essay. You may choose one of the following or create your own.

> Meine Kindheit war typisch für viele Leute in den USA / in meinem Freundeskreis / in meiner Heimatstadt.
> Meine Kindheit war in mancher Hinsicht *in some ways* typisch aber in anderer Hinsicht untypisch.
> Meine Kindheit war eher untypisch für jemanden aus meiner Heimatstadt / aus den USA / aus ____.

2. Schritt: *Building vocab and phrases*
Return to the opposite page and highlight the phrases you can use in your essay about your childhood.
Revisit the other pages of 3B and write down phrases that you can use.

3. Schritt: *Provide details* Consider how to describe aspects of your childhood, especially your hometown, where you have lived, your religion or your education. At the same time, be sure to support your thesis. Draw on the words and phrases you highlighted and wrote down.

To give reasons remember:
weil – *because (strong causal link) – is a subordinating conjunction and the conjugated verb goes at the end of the clause.*
Ich bin eigentlich kein typischer Amerikaner, weil ich nicht in den USA geboren bin.
denn – *because (less strong) – is a coordinating conjunction and does not affect the word order that follows.*
Ich habe einen High-School-Abschluss gemacht, denn ich habe eine typische Schulausbildung gehabt.
da – *because, since – is a subordinating conjunction and usually begins a sentence.*
Da ich in den USA geboren bin, bin ich automatisch Staatsbürgerin der USA.

making connections – 17, 33, 88, 145, 152

4. Schritt: *Proofread* Read through your complete essay. Is your thesis clear? Have you supported it with details and provided reasons?

3C: Erlebnis und Identität

Deutschland, meine Heimat?   *von Katja Adler*

Geboren bin ich 1975 in Rio de Janeiro, als meine Eltern dort arbeiteten, mein Vater als Ingenieur und meine Mutter als Lehrerin in der Deutschen Schule. Im Kindergarten dort bemerkte ich, dass bei uns zu Hause manches anders war. Was genau, wusste ich nicht. Erst als wir 1985 nach Deutschland zurückkamen, erkannte ich Unterschiede. Da war Weihnachten wirklich im Winter und tatsächlich mit Schnee! Und es war immer gemütlich. Im Frühling und Sommer gab es dann viel Hektik. Damals hörte ich zum ersten Mal: Man muss die Sonne genießen! Der Gedanke wäre mir in Rio nie gekommen.

Die Jahreszeiten gefallen mir sehr in Deutschland und komischerweise auch, dass es manchmal lange regnet. Ich mag Regen. Sogar an der Nordseeküste. Manchmal denke ich auch an den Sonnenaufgang in Rio und habe ein wenig Sehnsucht nach der Berglandschaft dort. Aber die Berge, die habe ich im Süden Deutschlands für mich entdeckt.

Heimat – das ist sicher dort, wo das Herz ist, doch sie findet sich auch in der Landschaft, in der Sprache, in der Kultur, sei es Musik, Malerei oder Literatur. Die technische Welt – die ist ziemlich global und man kann sich im Internet und vielen seiner Portale „zuhause" fühlen. Heimat aber, das ist etwas Besonderes, etwas, wo das Herz berührt wird.

🗨 **Was ist Heimat?** In diesem Text schreibt eine junge Deutsche, Katja Adler, über ihre Vorstellung von Heimat. Lesen Sie den Text und schreiben Sie unten auf, was Katja mit ihrer Heimat verbindet. Dann überlegen Sie sich, was Heimat für Sie bedeutet.

> Für Katja ist Heimat…
> *die Eltern, das Leben zu Hause, Feiertage*
>
>
> Für mich ist Heimat…

📄 **Meine Heimat** Schreiben Sie einen kurzen Text über Ihre Vorstellung von Heimat. Wie hat sich Ihre Idee von Heimat im Laufe Ihres Lebens entwickelt *developed*? Verwenden Sie dabei Ausdrücke aus dem Text, wie z.B.:

> In ___ bemerkte ich, dass bei uns zu Hause …
> Damals hörte ich zum ersten Mal …
> Der Gedanke an ___ wäre mir in ___ nie gekommen.
> Ich denke auch an ___.
> Ich habe ein wenig Sehnsucht nach ___.
> Heimat – das ist sicher dort, wo…
> Sie findet sich auch in ___.
> Man kann sich auch in ___ „zuhause" fühlen.

🗨 **Nationalstolz** Welche Rolle spielt Nationalität in Ihrer Vorstellung von Heimat? Sehen Sie sich, zum Beispiel, als Amerikaner/in? Sind Sie stolz auf Ihr Heimatland? Diskutieren Sie diese Fragen in Gruppen und begründen Sie Ihre Antwort. Mit welchen Aussagen (unten) stimmen Sie überein? Ergänzen Sie die Tabelle mit anderen möglichen Antworten auf diese Fragen!

Ja, ich bin stolz auf mein Heimatland,	**Nein, ich bin nicht stolz auf mein Heimatland,**	**Ich kann diese Frage nicht beantworten,**
weil die USA ein Land der unbegrenzten Möglichkeiten *unlimited possibilities* sind.	weil es in Amerika einen zu großen Unterschied *difference* zwischen den Reichen und den Armen gibt.	weil andere Aspekte meiner Identität viel wichtiger sind als meine Nationalität.
weil die USA ein demokratisches Land sind.	weil so viele Amerikaner jeden Tag mit Schusswaffen *guns* ermordet werden.	weil ich finde, dass es nur Zufall ist, in welchem Land man geboren wird.

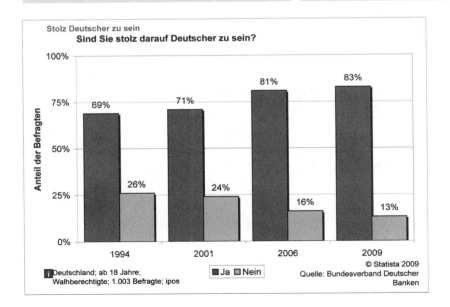

Stolz Deutscher zu sein
Sind Sie stolz darauf Deutscher zu sein?

Deutschland; ab 18 Jahre; Wahlberechtigte; 1.003 Befragte; ipos
■ Ja ☐ Nein
© Statista 2009
Quelle: Bundesverband Deutscher Banken

🗨 **Nationalstolz und die Deutschen** Schauen Sie die Statistik (links) an und diskutieren Sie die Fragen!

1   Wie viele Deutsche waren dieser Umfrage zufolge im Jahre 2009 stolz auf ihr Heimatland?
2   Seit 1994 wächst die Anzahl von Deutschen, die stolz darauf sind, Deutsche zu sein. Was könnten Gründe dafür sein?
3   Auf welche Aspekte der deutschen Gesellschaft, Geschichte und Kultur können die Deutschen Ihrer Meinung nach stolz sein, und auf welche nicht?

adjective endings – 130, 143, 163

Sprachtipps: *Adjectival nouns*

Die Deutschen *is an example of a noun that is derived from an adjective (in this case, deutsch). As with all adjectival nouns, not only does the article preceding the noun change to reflect gender, number and case, so does the word itself. The endings on these nouns are the same as adjective endings:*

Das ist der deutsche ~~Mann~~. → Das ist der Deutsche.
Ich kenne den deutschen ~~Mann~~. → Ich kenne den Deutschen.
Das ist die deutsche ~~Frau~~. → Das ist die Deutsche.
Du sitzt neben der deutschen ~~Frau~~. → Du sitzt neben der Deutschen.
Das sind die deutschen ~~Leute~~. → Das sind die Deutschen.
Ich bin im Land der deutschen ~~Leute~~. → Ich bin im Land der Deutschen.

If we replace the definite articles with indefinite articles or if we eliminate the articles altogether, then the form of the adjectival noun changes just as the adjective ending does:

Das ist ein deutscher ~~Mann~~. → Das ist ein Deutscher.
Das ist eine deutsche ~~Frau~~. → Das ist eine Deutsche.
Das sind deutsche ~~Leute~~. → Das sind Deutsche.

Other adjectival nouns are derived from these adjectives:

erwachsen *grown up*	jugendlich *young*
arbeitslos *unemployed*	angestellt *employed*
obdachlos *homeless*	gefangen *imprisoned*
reich *rich*	arm *poor*
verlobt *engaged*	verwandt *related*
reisend *traveling*	studierend *studying*

Übungen

1 Wie sagt man das auf Deutsch?

my relatives

the employee (female)

a grown-up (male)

a young person (female)

the homeless

the traveler (male)

his fiancée

the prisoners

two students

2 Schreiben Sie Sätze mit den Wörtern aus der Liste wie in diesem Beispiel:

Zwei Studierende haben einen Artikel über die Obdachlosen in der Stadt geschrieben.

Kultur: Eric Braeden Der deutsch-amerikanische Schauspieler Eric Braeden ist in den USA bekannt für seine Rolle als Victor Newman, eine Figur aus der Seifenoper *The Young and the Restless.* Geboren wurde Braeden (eigentlich Hans Gudegast) 1941 in Bredenbek, einem Ort in der Nähe von Kiel. 1959 wanderte Braeden in die USA aus. Neben seiner erfolgreichen Karriere als Schauspieler ist er Gründer der *German-American Cultural Society,* einer Gesellschaft, die den kulturellen Austausch zwischen Deutschland und den USA fördert. Für diese Tätigkeit wurde Braeden zweimal das Bundesverdienstkreuz von der deutschen Regierung verliehen.

Eric Braeden

Wer ist Eric Braeden? In dem folgenden autobiografischen Text schreibt Eric Braeden über seine Identität als Deutscher and Deutsch-Amerikaner. Was erfahren wir in dem Text über die folgenden Aspekte seiner Identität? Während Sie lesen, ergänzen Sie die Tabelle mit Stichworten aus dem Text.

Familie und Freunde	hart arbeitende Eltern, die 2 schlimme Kriege erlebten; der Vater starb plötzlich; …	Interessen und Hobbys	
Heimat		Erfahrungen und Erlebnisse	
Nationalität und Sprache		Studium und Beruf	

life stages – 12

Was es bedeutet, Deutscher zu sein
Eric Braeden

Als ich die Einladung annahm, auf diesem Fest zu sprechen, begann ich wieder einmal darüber nachzudenken, was es bedeutet, Deutscher oder Deutsch-Amerikaner zu sein. Wie definiere ich mein Deutschsein?

Ich habe frühe Erinnerungen an Luftangriffe und Brände, und wie ich mit panischer Angst in den Luftschutzkeller getragen wurde. Ich habe Erinnerungen an die Furcht, die jeden befiel bei dem Geräusch der herannahenden alliierten Bomber-Geschwader, die ihre zerstörerische Wut unabwendbar auf Städte und Dörfer wie meines herabließen, und brennende Höfe und schreiende Tiere in Flammen zurückließen. Ich erinnere mich daran, wie ich auf die Schultern meines älteren Bruders gehoben wurde, damit ich nach einem verheerenden Bombenangriff meine Heimatstadt Hamburg in Flammen sehen konnte, ein Inferno, in dem zehntausende Menschen in einer Nacht starben. Ich habe Erinnerungen an tausende heimatlose und hungrige Leute, die aus zerstörten Städten wie Hamburg und Kiel über das Land herfielen, um wie Wahnsinnige nach übriggebliebenen Kartoffeln zu graben.

Ich erinnere mich an die Heiligabende, an denen meine Brüder und ich dem Weihnachtsmann Gedichte vortragen und Lieder wie „O Tannenbaum" und „Stille Nacht, Heilige Nacht" vorsingen mussten. Ich habe Erinnerungen an einen geliebten Vater, der plötzlich starb, an lange Fahrradausflüge durch wunderschöne Landschaften, an harte Arbeit auf Bauernhöfen und an harte Schulbänke, an Lehrer, die von der russischen Front zurückgekehrt waren ohne Beine oder mit nur einem Arm, und an große Bitterkeit. Erinnerungen an lange Wanderungen an heißen Sommertagen, als wir „Mein Vater war ein Wandersmann und mir liegt's auch im Blut" sangen, an heimliche Verabredungen und Küsse mit meiner ersten Liebe, Rosely. Erinnerungen daran, wie mein Bruder und ich uns begierig ein Paar Fußballschuhe in einer Schaufensterauslage anschauten und er sagte: „Die können wir uns nicht

---

Kultur: Luftangriffe auf Hamburg
Während des Zweiten Weltkriegs wurde Hamburg mehrmals von britischen und amerikanischen Flugzeugen bombardiert. Besonders schwer waren die Luftangriffe im Juli und August 1943. 40.000 bis 50.000 Einwohner der Stadt kamen dabei ums Leben; 125.000 wurden verletzt. Die Luftangriffe zerstörten ein Drittel der Wohngebäude der Stadt. Als Folge davon wurden über 900.000 Menschen obdachlos.

leisten". Ach, wie tut es weh, wenn ich an meine hart arbeitenden Eltern denke, die die zwei schlimmsten Kriege der Menschheitsgeschichte erlebten, und nach jedem Krieg mit Nichts wieder von vorne anfangen mussten.

Ich erinnere mich daran, wie ich im Alter von 18 Jahren an einem Tag im Mai alles hinter mir ließ, als ich an Bord der „Hanseatic" stand und meiner Familie zum Abschied zuwinkte, während das Orchester „Junge, komm bald wieder" spielte. Ich erinnere mich daran, wie ich das erste Mal die Freiheitsstatue und die Skyline von New York sah. Ich erinnere mich an die Bruthitze, an das frenetische Herumtreiben von weiß-, schwarz-, und braunhäutigen Leuten, und an eine Busreise durch Städte im Süden, wo es getrennte Toiletten und Trinkbrunnen für Schwarze und Weiße gab. Da erklärte mir eine elegante Frau aus den Südstaaten ihre Liebe für Apfelstrudel und Schlösser am Rhein, und als sie mich fragte, was ich von Hitler dachte, sagte ich: „Ich denke nicht an ihn, und habe nie an ihn gedacht".

Ich erinnere mich daran, wie ich meinen Kindheitstraum–ein Cowboy zu sein–erfüllte, als ich in Montana lebte und dort an der Universität studierte. Eines Tages wurde ich in einem Philosophiekurs vor der ganzen Klasse gefragt, wie es möglich war, dass das Land von Goethe und Schiller und Beethoven und Schubert auch das Land von Hitler und den Konzentrationslagern sein konnte? Ich war damals 18 und konnte die Frage nicht beantworten. Ich erinnere mich an eine Erfahrung, die sich in meinem Gedächtnis und in meinem bis dahin unschuldigen deutschen Herzen für immer einprägte. Es war in Los Angeles in einem Kino, wo ich den Dokumentarfilm „Mein Kampf" sah. Ich wollte den Film sehen, da sein Titel etwas von Deutschland versprach und ich Heimweh hatte. Der Film zeigte Konzentrationslager, im Stechschritt marschierende Soldaten, und Hitler beim Küssen von Säuglingen. Ich sah behelfsmäßige Gräber voller gestapelter Leichen in Konzentrationslagern, und tote deutsche Soldaten, die in den von Wind und Schnee gefegten russischen Steppen erfroren waren. Der Film zeigte amerikanische Soldaten, die gerippenhafte Häftlinge aus den

---

Kultur: Deutsche Einwanderung nach dem 2. Weltkrieg in die USA
In den 50er Jahren immigrierten über 500.000 Deutsche in die USA. Diese hohe Zahl hing zum Teil damit zusammen, dass viele Deutsche durch die amerikanischen Besatzungsmächte zum ersten Mal mit der Sprache und dem Lebenstil der Amerikaner in Berührung kamen. Diese deutschen Einwanderer hatten in den USA einen gehobenen Lebensstandard und die Möglichkeit, im Beruf aufzusteigen.

Kultur: Der Dokumentarfilm *Mein Kampf* Der deutsch-schwedische Regisseur Erwin Leiser drehte 1959 diesen Film über die nationalsozialistische Diktatur in Deutschland und Europa. Der Titel ist eine Anspielung auf das Buch von Adolf Hitler; der Film zeigt die Konzequenzen der Ideen, die in Hitlers Buch propagiert wurden.

Kultur: *The Rat Patrol* Diese amerikanische Fernsehsendung lief von 1966 bis 1968. Die Sendung handelte von alliierten Soldaten, die während des 2. Weltkrieges gegen den deutschen Feldmarshall Rommel in Nordafrika kämpften. Eric Braeden, der damals noch seinen Geburtsnamen Hans Gudegast trug, spielte den deutschen Hauptmann Hans Dietrich, den Gegenspieler der alliierten Helden.

Kultur: Curd Jürgens (1915–1982) Der bekannte deutsch-österreichische Theater- und Filmschauspieler Curd Jürgens spielte in rund 160 deutschen und internationalen Filmen mit.

Konzentrationslagern befreiten. Während dieses Filmes verlor ich meine Unschuld. Niemand war da, der mir den Film erklären oder meine starken Gefühle des Ärgers, Betrugs und der Scham beruhigen konnte. Waren meine geliebten Eltern daran beteiligt? Das konnte nicht sein, aber ich erinnere mich dennoch daran, wie ich Briefe voller Ärger und Bitterkeit und untröstlicher Enttäuschung an meine Mutter geschickt habe.

Ich erinnere mich an meinen ersten Agenten in Hollywood, einen Juden, der liebenswürdig und hilfreich war und mir eine Chance in der harten Filmindustrie gab. Ich erinnere mich daran, wie ich mich mit den Produzenten über meine Rolle in *Rat Patrol* stritt. Sie meinten, dass ich eine Augenklappe tragen und hinken sollte, um ein stereotypisches Bild eines deutschen Soldaten darzustellen. Ich bestand darauf, die Rommel-artige Figur als würdevollen Menschen zu spielen, da die deutschen Soldaten der Wehrmacht, die von der russischen Front zurückkamen, genauso ehrbar und mutig und zäh waren, und genauso hart für ihr Land kämpften wie andere Soldaten. Ich erinnere mich an ein Gespräch mit Curd Jürgens auf dem Weg zu einem New Yorker Theater, wo ich seinen Sohn in einem Broadway Schauspiel spielte. Er riet mir, zurück nach Deutschland zu gehen, weil ich in Amerika nur diese verdammten Nazi-Rollen spielen würde, und ich sagte, dass auch wenn es lange dauern würde, ich entschlossen war, der Zerstörung dieser Karikatur beizuhelfen. Ich war entschlossen zu beweisen, dass wir Deutsche Menschen sind–mit Stärken und Schwächen, Gefühlen und Gedanken wie alle anderen.

Dann ist die Mauer gefallen. Amerikaner kamen auf mich zu mit aufrichtigen Gefühlen in ihren Herzen und gratulierten mir, und es war schön, Deutscher zu sein. Meine Freunde aus Europa und Südamerika klopften mir auf die Schulter, und sie sprachen mit Bewunderung und Respekt von der deutschen Fußballnationalmannschaft, die in der italienischen Weltmeisterschaft spielte. Und wir wurden dann Weltmeister. Es war einfach unglaublich. Aber dann wurden einige Leitartikel über die Renaissance der deutschen Macht veröffentlicht und Helmut Kohl wurde als neuer Hitler karikiert.

Als Deutscher wollte ich vor der ganzen Welt schreien: Wann hört ihr endlich auf, über diese verdammten zwölf Jahre zu sprechen? Wann werdet ihr uns vierzig friedliche Jahre anerkennen, in denen Deutschland eine beispielhafte Demokratie hatte und ein verlässlicher Freund von Amerika war? Ein Land, das die Rechtlosen, die Verfolgten, und die Hungerleidenden aus der ganzen Welt aufgenommen hatte, mehr als jedes andere Land mit der möglichen Ausnahme von Amerika? Wann werdet ihr endlich über die unzähligen Beiträge deutscher Immigranten sprechen, die für euch Amerikaner als Schreiner, Mechaniker, Hafenarbeiter, Ärzte und Krankenschwestern, Bergarbeiter, Maschinenbauer, Anwälte, Chirurgen und Generale, Lehrer und Wissenschaftler geschuftet haben, und diese anerkennen? „Wann?", frage ich euch.

Dies wird geschehen, wenn wir deutsche Immigranten und Amerikaner deutscher Abstammung anfangen, mit einander den Dialog aufzunehmen, sowie mit denen, die uns misstrauen. Dies wird geschehen, sobald wir unsere Herzen öffnen und uns die Hände reichen, sowie die Hände zu denen ausstrecken, denen von einer anderen Generation Unrecht getan wurde. Wir Deutsche haben wegen unseres historischen Vermächtnisses die schwere Verantwortung, anderen gegenüber tolerant zu sein, und als ebenbürtige Partner mit allen anderen Völkern dieser Welt zu kooperieren. Lasst uns heute an die positiven Beiträge der Deutschen zur Menschheit denken. Was bedeutet es, Deutscher zu sein? Es bedeutet, dass wir Teil der Gemeinschaft der Menschen sind, mit einer besonderen und komplizierten Erbschaft, und ich bin stolz auf diese Erbschaft. Vielen Dank!

Kultur: Deutsche Siege in der Fußball-Weltmeisterschaft
Die deutsche Fußballnationalmannschaft hat dreimal (1954, 1974 und 1990) die Fußballweltmeisterschaft gewonnen. 1990 wurden die Deutschen Weltmeister nach einem 1:0 Sieg gegen Argentinien.

Kultur: Bekannte Deutsch-Amerikaner Seit 1820 sind über 7 Millionen Deutsche in die USA eingewandert, und über 50 Millionen Amerikaner sind deutscher Abstammung. Zu den bekanntesten deutschen Einwanderern in die USA zählen: John Jacob Astor (Unternehmer, 1763–1848); Levi Strauss (Unternehmer, 1829–1902); Karl Pfizer (Pharmaunternehmer, 1824–1906); Carl Schurz (Politiker, 1829–1906); Albert Einstein (Physiker, 1879–1955); Hannah Arendt (Philosophin, 1906–1975); Henry Kissinger (Politiker, *1923).

Struktur des Textes Braedens Text besteht aus Erinnerungen, die mit verschiedenen Orten assoziiert werden. Dabei werden positive und negative Erinnerungen gegenübergestellt. Ergänzen Sie die Tabelle mit Beispielen aus dem Text!

memories – 65, 78

	Positive Erinnerungen	Negative Erinnerungen
Deutschland		
New York / Südstaaten		
Montana	erfüllte sich den Traum, „Cowboy" zu werden	wurde gefragt, wie Deutschland das Land von Goethe und Hitler sein könnte
Los Angeles		

Stil des Textes Braeden benutzt einen impressionistischen Stil, um den Lesern einen knappen und wirkungsvollen Einblick in seine Lebensgeschichte zu geben. Wählen Sie einen Absatz aus dem Text, und analysieren Sie ihn mit Hilfe dieser Fragen:

- Welche Wörter und Ausdrücke wiederholt Braeden?
- Welche Konjunktionen benutzt er, um die Sätze zu verbinden?
- Werden in dem Absatz chronologische oder kausale Zusammenhänge gemacht? Wie?

Wiederholte Ausdrücke	
Konjunktionen	
Zusammenhänge	

Mit den fünf Sinnen schreiben   Am Anfang seines Textes gibt Eric Braeden seinen Lesern ein dramatisches Bild von seiner Heimat im Zweiten Weltkrieg und danach. Seine Beschreibung ist wirkungsvoll, weil er alle unsere fünf Sinne anspricht: **sehen, hören, fühlen, riechen** und **schmecken.** Unten sind Wörter, die Sie verwenden können, um ein vielseitiges und lebhaftes Bild von Ihrer Heimat zu liefern. Ergänzen Sie die Tabelle mit anderen Wörtern, die Sie für Ihre eigene Beschreibung brauchen.

	Gegenstände	Adjektive
sehen	Gebäude, Straßen, Bäume, Seen	schön, bunt *colorful*, strahlend *shining*, schimmernd *shimmering*, glänzend *sparkling*
hören	der Verkehr, die Vögel, Musik	knallend *booming*, gurgelnd *gurgling*, flatternd *flapping*, pfeiffend *whistling*
fühlen	der Wind, die Luft, das Gras / die Blätter / der Beton *concrete* unter den Füßen	weich *soft*, sanft *gentle*, hart, unbequem, scharf, seidig *silky*, rauh *raw*, drückend *oppressive*
riechen	der Rauch, die Blumen, das Parfüm, das Essen	stinkend, duftend *good-smelling*, rauchend
schmecken	das Eis, der Kaffee, der Schweiß *sweat*	süß, sauer, salzig, bitter, cremig, pikant

📄 **Konkrete Momente**   Wenn Sie mit Ihrer Analyse von Braedens Textstil fertig sind, versuchen Sie, einen ähnlichen Stil zu benutzen, um von zwei oder drei wichtigen Momenten aus Ihrem Leben zu erzählen. Es sollten Momente sein, die für die Entwicklung Ihrer Identität wichtig waren oder sind. Schreiben Sie zuerst alles auf, was Ihnen einfällt, wenn Sie an diese Momente denken: Orte, Personen, Musik, Gegenstände, usw. Dann machen Sie eine Liste von passenden Adjektiven, die diese Welt (durch alle fünf Sinne) schildert. Schreiben Sie schließlich einen kurzen Text, der einen **impressionistischen** Einblick in diese Lebensabschnitte gibt!

📄 **Textanalyse: Das Deutschsein definieren** Am Anfang seines Textes stellt Eric Braeden die Frage: „Wie definiere ich mein Deutschsein?" Wie wird diese Frage im Laufe des Textes beantwortet? Diskutieren Sie seine Antwort in kleinen Gruppen anhand dieser Fragen:

- Zu welchem Zeitpunkt hat Braeden angefangen, sich Gedanken über sein Deutschsein zu machen? Welchen Einfluss hatten seine frühesten Erinnerungen auf sein späteres Verständnis von seiner Nationalität?

- Welche Rolle spielten historische Ereignisse in der Entwicklung seiner Identität? Denken Sie dabei an den Zweiten Weltkrieg, den Holocaust und die deutsche Wiedervereinigung.

- Mit welchen Vorurteilen wurde Braeden konfrontiert, nachdem er in die USA eingewandert war?

- Wie beantwortet Braeden am Ende die Frage nach seinem Deutschsein?

- In dem letzten Absatz ändert sich der Stil des Textes, denn aus den Lebenserinnerungen wird ein Appell *appeal* an Braedens Zuhörer und Leser. Was möchte er erreichen? Wie finden Sie diesen Appell?

📄 **Erfahrungen interpretieren** Auf der vorigen Seite beschäftigten Sie sich mit einem **impressionistischen** Bild von bedeutenden Momenten aus Ihrem Leben. Schreiben Sie nochmal über die Momente, aber erklären Sie jetzt, **warum** diese Erfahrungen für Sie wichtig waren. Wie haben Sie damals darauf reagiert? Wie haben Sie diese Erlebnisse später interpretiert? Welchen Einfluss hatten die Erfahrungen auf die Entwicklung Ihrer Identität? Hier sind einige Ausdrücke, die Sie dabei verwenden sollten – viele davon finden Sie in dem Text von Eric Braeden.

Ich erinnere mich daran, wie ich im Alter von ___ …	*I remember how, at the age of ___, I …*
Ich begann darüber nachzudenken, was es bedeutet …	*I started to think about what it means …*
Eines Tages wurde ich gefragt …	*One day I was asked …*
Diese Erfahrung prägte sich in meinem Herzen ein.	*This experience left a deep impression on me.*
Niemand war da, der mir das erklären konnte.	*No one was there who could explain it to me.*
Ich war entschlossen zu beweisen, dass …	*I was determined to prove that …*
Im Nachhinein wurde mir klar, dass …	*In retrospect it became clear to me that …*
Damals wusste ich nicht, dass …	*Back then I didn't know that …*
Durch diese Erfahrung lernte ich, dass …	*This experience taught me that …*
Erst später habe ich verstanden, was das bedeutete.	*Only later did I understand what that meant.*

Sprachtipps: *Anticipatory* **da-compounds** *Eric Braeden's speech is structured around memories, and so it is not surprising that the verb* sich erinnern an *occurs often.* Sich erinnern an *is one of many verbs that work together with particular prepositions.*

Ich erinnere mich an meinen Kindheitstraum, Cowboy zu werden.

Da-*compounds can be used to replace prepositional phrases in exchanges like this:*

Erinnerst du dich **an** deinen Kindheitstraum?
Ja, ich erinnere mich gut **daran**. Ich wollte Cowboy werden.

When you are using a verb-preposition combination like sich erinnern an *and the object is not a noun but an entire phrase (either a subordinating phrase or an infinitive phrase), then that phrase is preceded by an* **anticipatory** **da-compound***, as in this sentence:*

Ich erinnere mich **daran**, wie ich Cowboy werden wollte.

da-compounds – 36

Übung Schreiben Sie neue Sätze mit Da-Verbindungen. Fangen Sie mit dem Satz in Klammern an.
Wir haben schöne Lieder gesungen. (sich erinnern an)
Ich erinnere mich daran, wie wir schöne Lieder gesungen haben.

1 Mein Bruder wollte Fußballschuhe kaufen. (sich erinnern an)

2 Mit meiner besten Freundin habe ich im Garten Fußball gespielt. (denken an)

3 Ich komme aus den USA. (stolz sein auf)

4 Ich muss eines Tages meine Heimat verlassen. (Angst haben vor)

5 Was bedeutet es, Amerikanerin zu sein? (nach•denken über)

memories – 62, 78

📄 Ein autobiografischer Aufsatz

1. Schritt: Ein Thema wählen In diesem autobiografischen Aufsatz geht es um Identitätsfragen. Wer bin ich? Wie haben meine Heimat, meine Familie, Erfahrungen und Erlebnisse, sowie meine Nationalität die Entwicklung meiner Identität beeinflusst? Natürlich ist es sehr schwer – vielleicht sogar unmöglich! – alle wichtigen Erfahrungen in einem kurzen Aufsatz zu thematisieren. Deshalb ist es wichtig, dass Sie für Ihren Text ein Thema wählen. Anhand von diesem Thema sollten Sie zeigen, wie Sie die Person geworden sind, die Sie sind. Beispiele von möglichen Themen sind:

- der Einfluss von einer wichtigen Person auf Ihr Leben
- eine Erfahrung, die ein Wendepunkt in Ihrem Leben war
- eine wichtige Reise oder ein Umzug
- die Entwicklung von Ihrer Beziehung *relationship* zu Ihren Eltern oder Geschwistern

2. Schritt: Erinnerungen beschreiben Wenn Sie ein Thema gewählt haben, schreiben Sie alles auf, was Ihnen dazu einfällt. Machen Sie eine Liste von wichtigen Momenten und Erinnerungen, die damit zusammenhängen, und dann überlegen Sie sich, wie Sie sie beschreiben.

- Wo waren Sie? Wie war die Atmosphäre? Was haben Sie dort gesehen, gehört, gespürt, gerochen und geschmeckt? Benutzen Sie die Adjektive, die in diesem Kapitel präsentiert wurden!
- Wer war dabei? Was hat er/sie gesagt? Wie hat er/sie das gesagt?
- Wie haben Sie auf diese Situation reagiert? Wie haben Sie sich gefühlt?

3. Schritt: Erinnerungen interpretieren Als nächstes sollten Sie Ihre Erinnerungen interpretieren. Überlegen Sie sich, warum diese Momente bedeutungsvoll waren. Was waren die Folgen *consequences* davon? Was haben Sie daraus gelernt? Benutzen Sie dabei passende Ausdrücke aus diesem Kapitel.

4. Schritt: Den Aufsatz strukturieren Denken Sie darüber nach, wie Sie Ihren Aufsatz aufbauen, damit ein klares Bild von diesem Aspekt Ihrer Identität entsteht. Erzählen Sie chronologisch, oder mit Rückblenden *flashbacks*? Möchten Sie, wie Eric Braeden, kontrastierende Erinnerungen präsentieren? Wie beginnen Sie den Aufsatz, damit das Thema klar ist und das Interesse der Leser geweckt wird? Womit schließen Sie den Text: mit einer Zusammenfassung Ihres Themas, oder vielleicht mit einem Blick in die Zukunft? Achten Sie darauf, dass Ihr Aufsatz nicht fragmentarisch oder impressionistisch bleibt, sondern dass es gute Übergänge *transitions* zwischen den Beschreibungen und den Analysen Ihrer Erinnerungen gibt!

Berichte schreiben • *Writing reports*

4A: Tagesablauf	4B: Erinnerungen	4C: Nachrichtenartikel

Life events and history

Reaction
Stereotypes
Facts, clichés, prejudicial
statements, generalizations

Adverbs
Reacting to statements
Expressing opinions
„Wie sind Amerikaner?"

Memories
Reflecting on past events
sich erinnern an
Die Wende
Expressing dates

Narrative past, conversational past
Reflexive pronouns
als, seit
Die Wende
„Plötzlich ist alles ganz anders"

News article
W- questions (was, wo, wer, *etc.*)
News reporting style and tone
Commenting on an event

Passive
Ordering sentence elements
Nobel Prizes for Literature
German newspapers
„US-Präsident in Buchenwald"
„Obamas Buchenwald-Besuch"

Aufgaben *Tasks*

Reporting events	•*daily, weekly activities*	•*memories, key past events*	•*public events*
Ordering chronologically	•*on days, in weeks*	•*using time expressions*	•*various adverbial phrases*
Interpreting events	•*typical or not*	•*positive or negative, significance*	•*recap, react, comment*

Writing Skills

Collecting information → Summarizing events → Ordering events →
Commenting on significance or public reaction to events →
Reporting events with attention to elements of style (narrative vs. conversational past, passive vs. active voice)

4A: Tagesablauf

time expressions – 74, 75, 78, 88, 145

Tagesablauf *How does this German way of dividing and labeling parts of a day differ from yours?*

Wortschatz

1 **um** *with clock times*
    um 10 Uhr *at 10 o'clock*
    um 14.30 Uhr *at 2:30 p.m.*

2 **am** *with parts of the day*
    am Nachmittag *in the afternoon*
    am Abend *in the evening*

3 **von … bis** *for a span of time*
    von 11 bis 15.30 Uhr *from 11 a.m. to 3:30 p.m.*
    von Morgen bis Abend *from morning until evening*

Wann machen Sie das? *Use the sentence builder to report the answers to these questions:*

Ich frühstücke um 8 Uhr. Mein Partner Jeff frühstückt um 11.30 Uhr.

1 Wann frühstückst du?
2 Wann bist du auf dem Campus?
3 Wann lernst du Deutsch?
4 Wann arbeitest du?
5 Wann gehst du am Wochenende ins Bett?

am Morgen — am Nachmittag — in der Nacht — am Abend

Sentence builder:

Ich		nie / selten		um __
Mein/e	[VERB]	oft / manchmal	am __	von __ bis __
Partner/in		immer		

Kultur: *Talking about time*

A *The 24-hour clock is used on official listings in Germany, such as train or movie schedules and often but not always in conversation when discussing official schedules or appointment times.*

B Der Abend *begins about 6 p.m. and goes until about midnight. US Americans often use "night" to talk about this part of the day. In German, use the word* Abend *in these situations, for example,* „Was machst du Freitagabend?"

🗨 **Mikes Tag** Was macht Mike wann? *Tell what Mike does and when. Alternate sentences with a partner.*

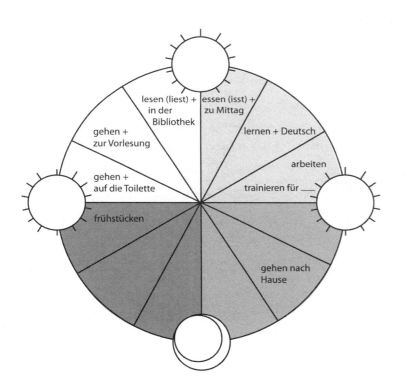

studieren vs. lernen – 49

Kultur: *Student life*

A *In the USA, sports, music, theater and other clubs are an important part of campus or school life. Most schools and universities have official teams for basketball, soccer, theater and music groups. Many Germans are also involved in music, theater or sports. However, these extra-curricular activities, especially sports, are generally not associated officially with academic institutions and do not play as significant a role in student life.*

B **Studieren** *to study. In American English, "study" means both pursuing a major and doing homework for a course. In German, use* studieren *for pursuing a major. Use* lernen *for doing your homework for a course and for taking a course at a beginning or intermediate level.*

stem-changing verbs – 44

Sprachtipps: *Stem-changing verbs* Verbs such as essen, schlafen, lesen, laufen *and* sehen *are irregular in the* du- *and* er- *forms.*

lesen (liest) *to read*		**laufen (läuft)** *to run*		**sehen (sieht)** *to see*	
ich lese	wir lesen	ich laufe	wir laufen	ich sehe	wir sehen
du liest	ihr lest	du läufst	ihr lauft	du siehst	ihr seht
er liest	sie lesen	er läuft	sie laufen	er sieht	sie sehen

🗨 **Wann machst du das?** *Ask a classmate when he or she does the things that Mike does.*

A: Wann gehst du zur Vorlesung? → B: Ich gehe um 8 Uhr zur Vorlesung. Und du? → A: Ich gehe um 9 Uhr.

word order in main clauses – 89, 138, 153

Sprachtipps: *Including time phrases*

1 *Write "day + part of the day" as one word.*　am Montagnachmittag *on Monday afternoon*

2 *Standard word order in German is different from English. Beginners should master this standard word order:*

subject + verb	general time	specific time	location	direct object
Ich esse	**morgens**	**um ___ Uhr**	**in der Mensa**	**Frühstück**

3 *German word order is also flexible. However, if you begin your sentence with something other than the subject, you must adjust the word order. By placing something other than the grammatical subject first in the sentence, you are emphasizing that information.*

Standard		**Ich esse**	**morgens**	**um ___ Uhr**	**in der Mensa**	**Frühstück**
Emphasizing	**Morgens**	**esse ich**		**um ___ Uhr**	**in der Mensa**	**Frühstück**

🔊 **Ullas Woche** *Answer the questions about Ulla's week. Use standard word order. Then choose a piece of information to highlight and restate your answer for each question.*

der Tag	Montag	Dienstag	Mittwoch	Donnerstag	Freitag	Samstag	Sonntag
Morgen	10h Vorlesung	8-14h Arbeit	9h Vorlesung	8-14h Arbeit	10h Vorlesung	11h Einkaufen	
Nachmittag			16h Kaffee mit Miriam			14h Tennis mit Karl	15h Wandern
Abend	19h Essen bei Papa	18h Vorlesung			20h Konzert		

1 Wann sieht sie ihren Vater? *Ulla sieht am Montagabend ihren Vater. Am Montagabend sieht sie ihn.*
2 Wann geht Ulla zur Vorlesung?
3 Wann arbeitet sie?
4 Wann macht sie etwas mit ihren Freunden?
5 Wann ist sie zu Hause?

🐾 Das Wochenende

1 Was machst du am Freitag, am Samstag und am Sonntag? *Ask a classmate what she/he has planned on these days this week. Fill in the table below based on what your classmate says. Focus on* wann *and* was.

der Tag	Freitag	Samstag	Sonntag
Morgen			
Nachmittag			
Abend			

2 *Report what you found out about your partner's weekend. Write at least 4 sentences. Use this sentence builder:*

[Name]   +   [Verb]   +   am [Day]   +   um [Time of day]   +   [Location/destination]   +   [Direct object]

📄 **Eine typische Woche** Beschreiben Sie eine typische Woche für Sie! Was machen Sie wann? *Follow the five steps below to successfully write a paragraph about what you do when. Here are topics appropriate for different levels of challenge:*

Leicht	Was machen Sie am Freitag?
Etwas schwerer	Vergleichen Sie Ihre Arbeitswoche mit dem Wochenende!
Anspruchsvoll	Inwiefern *in what way* ist Ihre Woche typisch für andere Studenten an Ihrer Universität?
	Was ist typisch? Berichten Sie darüber für einen deutschen Leser.

1. Schritt: Was wollen Sie sagen? *Identify necessary vocabulary. Select or supply your own vocabulary in the sentence builders below. Build at least eight sentences.*

subject + verb	general time	specific time/adverb	location	direct object
Ich esse	am Montag	um ___ Uhr	in der Mensa	Frühstück
Ich koch___	am Mittwochnachmittag	von ___ bis ___ Uhr	bei Burger King	Nudeln
	jeden Tag every day		zu Hause	Fast Food
Ich kauf___			im Supermarkt	Lebensmittel
Ich lern___			im Café	Deutsch

subject + verb	general time	specific time/adverb	location/destination
Ich geh___	in der Woche	sehr spät	zur ___ Vorlesung / Arbeit
	am Wochenende	immer	nach Hause
Ich fahr___	morgens every morning	selten	ins Bett
	sonntags every Sunday	dann	
		danach	in die Bibliothek

Now follow the remaining four steps, making good use of the sentence builders on the opposite page and the model texts below.

2. Schritt: *Choose and order your sentences from Step 1 on the opposite page. Label your sentences on the opposite page with #1, #2, etc.*

3. Schritt: *Write a first draft with your chosen sentences, adjusting word order for emphasis, variety and the flow of the report. Are your verbs where they belong?*

#1 Ich stehe am Freitag um 8 Uhr auf. ⟶ Am Freitag stehe ich um 8 Uhr auf.

#2 Ich gehe am Freitagmorgen um 9 Uhr zur Uni. ⟶ Am Freitagmorgen gehe ich um 9 Uhr zur Uni.

#3 Ich esse um 12 Uhr in der Mensa. ⟶ Ich esse um 12 Uhr in der Mensa.

#4 Ich lerne am Nachmittag von 13 bis 15 Uhr. ⟶ Am Nachmittag lerne ich von 13 bis 15 Uhr.

#5 Ich arbeite von 15 bis 18 Uhr. ⟶ Danach arbeite ich drei Stunden.

#6 Ich gehe am Freitagabend ins Restaurant. ⟶ Am Freitagabend gehe ich ins Restaurant.

#7 Shakira und ich gehen um 20 Uhr ins Kino. ⟶ Shakira und ich gehen später um 20 Uhr ins Kino.

4. Schritt: *Write a second draft. Add interesting details.*

Was mache ich am Freitag?
Am Freitag stehe ich um 8 Uhr auf. Ich finde das zu früh! Um 9 Uhr muss ich zur Uni gehen. Ich esse um 12 Uhr in der Mensa. Die Mensa ist billig, aber das Essen ist nicht gut. Am Nachmittag lerne ich von 13 bis 15 Uhr. Ich muss Deutsch und Mathe lernen. Danach arbeite ich drei Stunden. Ich arbeite bei Chicken Lickin'. Am Freitagabend gehe ich ins Restaurant. Ich gehe nicht zu Chicken Lickin'. Ich esse gern chinesisch. Meine Freundin Shakira und ich gehen später um 20 Uhr ins Kino.

5. Schritt: *Proofread. Read through your essay one last time and mark the things in the list below when you have checked them.*
- *I reported on the what, when and where.*
- *My verb forms match the grammatical subject in my sentences.*
- *I used **am** + days or parts of the day.*
- *I used **um** or **von … bis** for clock times.*
- *I varied my sentence order appropriately.*
- *I included some details to add interest to my report.*

4B: Erinnerungen

Daten und Zeitangaben Warum sind die Daten unten wichtig für die Deutschen? Welche Daten sind wichtig für Sie?

⸻⸻⸻⸻⸻⸻ im zwanzigsten Jahrhundert ⸻⸻⸻⸻⸻⸻→

am Anfang des zwanzigsten Jahrhunderts   → in den fünfziger Jahre → in den siebziger Jahren → in den achtziger Jahren

vor vielen Jahren   vor dreißig Jahren

Wortschatz: Zeitangaben

1 **im** *with months, seasons,*   im August
    the phrase im Jahre____   im Jahre 1991
    and centuries   im zwanzigsten Jahrhundert
2 **vor / nach** + *Dative*   vor / nach der Wende   *before / after …*
3 **vor** *can mean "ago"*   vor 10 Jahren   *10 years ago*
4 **am** + *specific date or day*   am 11.9.2001   *on September 11, 2001*
5 *Use the present tense in German to discuss anything that is still going on now even if it started in the past.* „Ich studiere schon vier Semester" *implies that you are still a student. Use present tense also for talking about the future, especially with specific time references.* Wir fahren nächste Woche nach Wien.

> **Kultur: Daten und die Wende**
> *In Europe dates are written: day + month + year. So, "am 9.11." means "on November 9."*
> Die Wende *literally means "turning point" and refers to the onset of German Reunification. Often the phrase refers to the date November 9, 1989, when the Berlin Wall fell.*

Übung Wie war es damals? *Ask grandparents, parents, teachers or friends what they were doing on these dates.*
am 7. November 1963 – die Ermordung von US Präsidenten Kennedy
Mein Großvater war auf der Arbeit. Seine Kollegen waren schockiert und sie konnten kaum weiter arbeiten.

am 11.9. 2001 – der Terroristenanschlag auf die USA

am 4. November 2008 – Obamas Wahlsieg

time expressions – 68, 74, 78, 88, 145

im Sommer 1989   vor dem 9. November 1989   nach der Wende   am 1. Juli 1990

am Ende des zwanzigsten Jahrhunderts

im Herbst

im Winter   früher /damals   im Jahre 1991

im Frühling   seit der Wende

jetzt

Wichtige Ereignisse

Match the event to the right verb. Was und wann ist das in Ihrer Familie oder in Ihrem Freundeskreis passiert?

family – 4, 46, 47

die Geburt   heiraten

der Umzug   sterben

die Heirat   sein + geboren

die Scheidung   umziehen nach

der Tod   lassen + scheiden

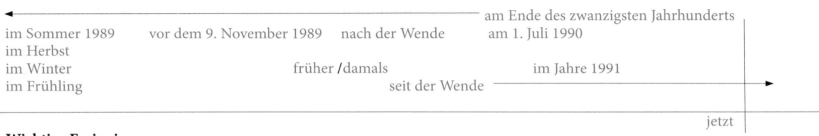

Meine Schwester ist vor sechs Jahren geboren.

Übungen

1 Schreiben Sie Notizen zu einem wichtigen Ereignis oder Datum in Ihrem Leben!

Was: Wo:

Wie / Warum:

Wann: Einzelheiten *details*:

Wer:

2 🗨 Erzählen Sie von einem wichtigen Erlebnis in Ihrem Leben!

     Introduction   *Build sentences based on your notes above.*

Ich erinnere mich noch gut an ___ [*accusative*].

Ich werde den Tag nicht vergessen, an dem …[*subordinate clause with verb in final position*].

Kultur: Wende, *verb tense and style*

A   *The onset of German reunification* die Wende *is a historical reference point for Germany. Thus, these phrases can be very useful when listening to Germans discuss their personal histories:* vor der Wende, nach der Wende, seit der Wende. *Which are important turning points for you and your family? Can you express these in German?*

B   Perfekt *is used when talking about the past and is often called the "conversational" past. Using* Perfekt *in either speaking or writing implies a casual, conversational style. This style contrasts with narrative past* Präteritum *which gives a more formal story-telling feel to what you are saying. When reflecting on the past in the conversational style, most of your verbs can be in the* Perfekt, *however the modal verbs, as well as* sein *and* haben, *will most often be in the simple past, even when you are otherwise using the conversational past.*

C   *The texts in this chapter are from* Plötzlich ist alles ganz anders: Kinder schreiben über unser Land, *a collection of reflections by children written shortly after German reunification.*

Von Texten lernen 1

1 Identifizieren Sie die Tatsachen des Ereignisses im Text A! Füllen Sie die Tatsachen hier ein!

Was:	Niemals werde ich den Tag vergessen, an dem wir alle zum ersten
Wann:	Mal in die BRD reisen durften. Am Sonntag, dem 12. November
Wer:	1989 bin ich mit Vati zur Polizei gefahren, um das Visum für meine Eltern abzuholen. Nach dem Mittag fuhren wir mit unserem Trabi
Wo:	los. Wir wollten pünktlich zur Grenzöffnung dort sein. Aber bereits einen Kilometer vor Roggendorf begann der Stau. Wir fuhren Stück für
Wie / Warum:	Stück durch das ehemalige Sperrgebiet in Richtung Grenze. Gegen 17 Uhr wurden wir ganz herzlich am Übergang empfangen. Das war ein
Einzelheiten:	unvergessliches Erlebnis, wie wir durch die Grenze fuhren! Ein Traum ging in Erfüllung. (Manuele Ide, 13 Jahre, 1992)

A

2   *Underline the verbs in the above text and identify if the verbs are in* Perfekt *or* Präteritum *or another tense. Why did the author use that particular tense? Highlight the section(s) which are in a more formal storytelling style.*

3   *Vocab grab* Wie sagt man das? *Circle these phrases in the above text.*
   - *I'll never forget the day that…*
   - *on Sunday, November 12*
   - *for the first time*
   - *around five o'clock*
   - *That was an unforgettable experience.*
   - *It was a dream come true.*

Von Texten lernen 2

Text B handelt von einem unvergesslichen Erlebnis kurz nach der Wende. Ein Drachenflieger ist ein *hang glider pilot*. Identifizieren Sie die wichtigen Fakten dieses Ereignisses!

| B | Mein Vati ist ein Drachenflieger. Als ich mit meinem Opa auf dem Flugplatz war, sind wir zu den Segelfliegern gegangen und haben gefragt, ob ich mitfliegen darf. Aber ich durfte nicht. Ich wiege ja nur ungefähr 25 Kilo. Dann sind wir zu den Motorfliegern gegangen. Und da durfte ich mit einer Cessna fliegen. Wir sind sogar über den Hexentanzplatz geflogen. Dann sind meine Eltern mit meinem Bruder Florian gekommen. Früher, wenn wir auf dem Flugplatz waren, sind nur wenige da gewesen. Da durfte auch niemand Drachenfliegen. Und schon gar nicht so nah an der Grenze. Damit niemand flüchten konnte. (Elisabeth, 8 Jahre, 1992) |

Was:
Wann:
Wer:
Wo:
Wie / Warum:
Einzelheiten (früher im Vergleich zu jetzt):

Compare Texts A and B. How are the tenses and styles different?

Sprachtipps: Präteritum *Narrative past*

1 Use the narrative past for reporting a past event and for texts intended to be in a story style. Narrative past as opposed to conversational past is generally preferred when using sein, haben *or modal verbs to talk about past things.*

2 Building the narrative past forms of regular verbs proceeds like this.

Determine the stem	hören hör– **hörte**	*Conjugate the verb*	ich **hörte**	wir **hörten**
			du **hörtest**	ihr **hörtet**
			er **hörte**	sie **hörten**

3 Building the narrative past forms of irregular verbs is similar, but the stems are irregular, so you have to look them up and learn them. Determine the stem (examples)   *Conjugate the verb (examples)*

sein	**war**	ich **war**	wir **waren**	ich **hatte**	wir **hatten**
haben	**hatte**	du **warst**	ihr **wart**	du **hattest**	ihr **hattet**
beginnen	**begann**	er **war**	sie **waren**	er **hatte**	sie **hatten**
fahren	**fuhr**				
gehen	**ging**				

narrative past tense – 12

Als die großen Montagsdemonstrationen begannen, gingen auch meine Eltern Montag für Montag hin und riefen Parolen wie „Nieder mit der SED!" und „Stasi in die Produktion". Ich konnte es gar nicht richtig fassen. Dann, am 9.11.89, wurde endlich die Mauer geöffnet. Ich hörte es früh mit meiner Mutti im Radio. Wir weinten vor Freude. Bald darauf besuchten wir Westberlin. Ich kann mich daran noch ganz genau erinnern. Lange davor war ich schon ganz aufgeregt. Spät am Abend fuhren wir mit der U-Bahn los. Über den Fußgängerübergang Friedrichstraße liefen wir hinüber. Ich konnte es kaum begreifen, dass ich in Westberlin stand! (Christian Fischer, 14 Jahre, 1992)

C

Von Texten lernen 3

Text C schildert auch die Erinnerungen eines Jungen von der Wendezeit. Identifizieren Sie wieder die wichtigen Fakten dieses Ereignisses!

Was:	
Wann:	Wer:
Wo:	Wie / Warum:

Wortschatz Was bedeuten diese Ausdrücke auf Englisch?

bald darauf	lange davor

Ich kann mich daran noch ganz genau erinnern.

Ich konnte es gar nicht richtig fassen.

Ich konnte es kaum begreifen.

Wir weinten vor Freude.

Sprachtipps: als, seit, und sich erinnern an

1   *Use conjunctions and time phrases to help establish the time frame you are talking about.*

als	*when, at a point of time in the past (subordinating conjunction)*	als ich 6 Jahre alt war
als	*as*	als Kleinkind
seit	*since (subordinating conjunction)*	seit meine Familie in Ohio wohnt
seit	*since (preposition + dative)*	seit dem Terroristenanschlag

2   **sich erinnern an** *Expressing "to remember" in German involves a reflexive pronoun. Here's how this structure works.*

Reflexive pronouns		*Preposition + Accusative (examples)*
ich erinnere mich an	wir erinnern uns an	Ich erinnere mich noch an den ersten Schultag.
du erinnerst dich an	ihr erinnert euch an	Mein Onkel erinnert sich gut an den Irak-Krieg.
er erinnerst sich an	sie erinnern sich an	Wir erinnern uns an die Ermordung von Kennedy.

📄 **Erinnerung und Ereignis** Erzählen Sie von einem Ereignis oder einer Erinnerung aus Ihrer Vergangenheit.

1. Schritt: *Choose an event or memory to write about. Note in German your key facts, verbs and necessary verb forms.*

	Fakten	Verben: Infinitiv	Präteritumstamm	Partizip
Was:				
Wann:				
Wer:				
Wo:				
Wie / Warum:				
Einzelheiten:				

2. Schritt: *Use the paragraph builder and model below to write about an event from your life.*

Strategien	Modell (*Hint: Can you make use of the blue phrases below?*)
Establish the fact that you are going to recount a memory or story.	Ich erinnere mich noch gut an das erste Mal, als ich Schnee sah.
Include details that report what happened. Focus on the facts: what, when, who, where, how or why and a few interesting details.	Ich war erst fünf Jahre alt. Meine Familie wohnte in Taiwan aber wir zogen im Winter in die USA. Als der erste Schnee fiel, wollte ich nach draußen gehen und im Schnee spielen. Leider hatte ich die Windpocken. Meine Schwester durfte nach draußen gehen, aber ich musste drinnen bleiben, weil ich Fieber hatte. Das fand ich sehr unfair. Nach einer Woche wurde ich wieder gesund. Dann kam der Tag, an dem ich nach draußen gehen durfte. Ich musste Handschuhe, Stiefel, und einen dicken Wintermantel anziehen. Ich habe das früher nicht gekannt. Der Schnee war kalt. Er kitzelte in der Hand und ich habe gelacht.
Conclude by summarizing your feelings or thoughts about that event.	Jetzt kann ich jedes Jahr Schnee sehen. Wenn der erste Schnee fällt, erinnere ich mich gerne an das erste Mal. Es kitzelt heute nicht so sehr wie früher. Das finde ich schade.

Sprachtipps: *Strategies for improving narratives*

A   Notice that the more story-like moments tend to be in narrative past. More reflective comments are often, though not always, in conversational past or present, as appropriate.

B   Scan the texts and activities in this section to identify several useful phrases, especially time phrases.

4C: Nachrichtenartikel

Handtaschendieb von Passanten gestoppt

BONN – Mit Hilfe mehrerer Passanten ist am Mittwoch, 2. Dezember 2009 am Bonner Kaiserplatz ein Handtaschendieb (43) festgenommen worden. Gegen 10 Uhr war der Tatverdächtige mit einem Fahrrad auf dem Kaiserplatz unterwegs. Dort wurde eine Seniorin (68) von ihm beobachtet, die sich vor einem Geschäft mit einer Bekannten unterhielt. Auch sie war mit einem Fahrrad unterwegs. In ihrem Fahrradkorb lag ihre Handtasche, in der sich über 250 Euro Bargeld befand. Der 43-Jährige näherte sich unbemerkt, nahm die Tasche aus dem Fahrradkorb und versuchte zu fliehen. Passanten, die den Diebstahl beobachtet hatten, stoppten den Tatverdächtigen und hielten ihn bis zum Eintreffen der Polizei fest. Die Handtasche konnte wieder zurückgegeben werden. Gegen den Tatverdächtigen wurde ein Ermittlungsverfahren eingeleitet. Auf Antrag der Staatsanwaltschaft wurde er dem Haftrichter vorgeführt.

Museum an Glienicker Brücke eröffnet

POTSDAM (8.11.09) – Das deutsch-deutsche Museum Villa Schöningen an der Glienicker Brücke wurde am Abend von Kanzlerin Angela Merkel feierlich eröffnet. Das Museum erinnert an die Bedeutung der Glienicker Brücke im Kalten Krieg. Zwischen 1962 und 1985 wurden Ost- und West-Agenten dreimal auf der Brücke zwischen Berlin und Potsdam ausgetauscht. Die Brücke sei ein Symbol deutsch-deutscher Geschichte, sagte Merkel. In der Villa werden Fotos, Videos, Diashows und ein Stück Original-Mauer ausgestellt.

Herta Müller gewinnt Literatur-Nobelpreis

STOCKHOLM (9.10.09) – Die deutsch-rumänische Autorin Herta Müller bekommt in diesem Jahr den Literatur-Nobelpreis. Dies wurde am Donnerstag vom Vorsitzenden des Auswahlkomitees bekannt gegeben. Als Begründung erklärte das Komitee, Müller zeichne „mittels der Verdichtung der Poesie und Sachlichkeit der Prosa Landschaften der Heimatlosigkeit". Für Müller kam die Nachricht völlig unerwartet. „Ich bin überrascht und kann es noch immer nicht glauben, mehr kann ich im Moment nicht dazu sagen", erklärte sie am Donnerstag in einer offiziellen Pressemitteilung. Dem breiten Publikum war Herta Müller bisher eher unbekannt, obwohl ihr bereits mehrere renommierte Literaturpreise verliehen wurden. In vielen ihrer Werke thematisiert Müller ihre Erfahrungen im totalitären System des rumänischen Ceausescu-Regimes. Zu ihren bekanntesten Werken zählen die Romane *Der Fuchs war damals schon der Jäger* (1992) und *Herztier* (1994).

W-Fragen In journalistischen Texten sind die W-Fragen (wann, wo, was, wer, warum) sehr wichtig. Lesen Sie die Artikel auf der gegenüberliegenden Seite und ergänzen Sie die Tabelle mit Informationen aus den Texten!

	WANN?	WO?	WAS?	WER?	WARUM?
Handtaschendieb	Mittwoch, 2. Dezember 2009				
Glienicker Brücke		Potsdam			
Literatur-Nobelpreis			Literatur-Nobelpreis		

Kultur: Literatur-Nobelpreisträger aus deutschsprachigen Ländern Die folgenden deutschsprachigen Schriftsteller haben den Nobelpreis für Literatur gewonnen. Wen kennen Sie schon?

Theodor Mommsen (1902)
Rudolf Eucken (1908)
Paul Heyse (1910)
Gerhart Hauptmann (1912)
Carl Spitteler (1919)

Thomas Mann (1929)
Hermann Hesse (1946)
Nelly Sachs (1966)
Heinrich Böll (1972)

Elias Canetti (1981)
Günter Grass (1999)
Elfriede Jelinek (2004)
Herta Müller (2009)

Herta Müller

Wer hat welches Buch geschrieben?

Die Blechtrommel
Die Klavierspielerin

Billiard um halb zehn
Der Zauberberg

Siddhartha
Die Weber

Sprachtipps: Das Passiv *The passive voice is very common in newspaper articles, since actions or events reported in a news item are often more important than actors. In passive sentences, the object of an action is emphasized since it becomes the subject of the sentence. Note how the roles played by the subject and object of the active sentence are transformed in the passive sentence.*

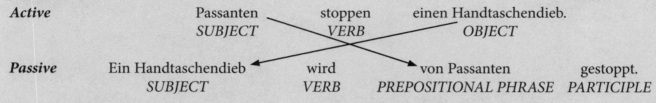

Active   Passanten   stoppen   einen Handtaschendieb.
                          SUBJECT   *VERB*   *OBJECT*

Passive   Ein Handtaschendieb   wird   von Passanten   gestoppt.
                     SUBJECT   *VERB*   *PREPOSITIONAL PHRASE*   *PARTICIPLE*

Analyse *Translate each of the above sentences into English and discuss the questions below.*

> Passers-by
>
> A purse thief

How does the meaning and emphasis differ between the active and passive sentences?
What would be the effect of leaving out the phrase von Passanten *in the passive sentence?*
Why do you think a journalist would choose to describe this event using a passive sentence?

The passive voice is formed with werden *(as a helping verb) and a past participle. Changing the tense of the helping verb* werden *changes the tense of the sentence.*

You can add a modal verb to a passive sentence. As in an active sentence, the verb (werden) *moves to the end of the sentence in its infinitive form.*

Präteritum *narrative past*
Ein Handtaschendieb **wurde** von Passanten gestoppt.

Präsens
Ein Dieb **kann** manchmal von Passanten gestoppt **werden**.

Perfekt *conversational past*
Ein Handtaschendieb **ist** von Passanten gestoppt **worden**.
(Drop the **ge-** *from* **geworden** *in passive sentences.)*

Präteritum
Ein Handtaschendieb **konnte** von Passanten in Bonn gestoppt **werden.**

Sätze suchen Lesen Sie nochmal die Zeitungsartikel auf der ersten Seite und unterstreichen Sie alle Passivsätze. Notieren Sie die Zeitform des Satzes. Sie sollten 10 Passivsätze finden: 1 im Präsens, 8 im Präteritum, 1 im Perfekt.

Übung Schreiben Sie die folgenden Sätze ins Passiv um. *Note: you may leave out the prepositional phrase with the actor.*

1 Die Verkehrspolizei Nürnberg sucht den Fahrer eines Mercedes.

Der Fahrer eines Mercedes wird von der Verkehrspolizei Nürnberg gesucht.

2 Der Mercedes-Fahrer verursachte am Mittwoch in der Ingolstädter Straße einen Unfall.

3 Der Mercedes hat einen Opel-Astra gerammt.

4 Die Kollision verletzte den Opel-Fahrer, und ein Krankenwagen musste ihn ins Krankenhaus bringen.

Kultur: Zeitungen in Deutschland Im Vergleich zu den USA sind Tageszeitungen in Deutschland immer noch sehr beliebt. Jeden Tag lesen 78% der Deutschen über 14 Jahren eine Tageszeitung. Im Gegensatz dazu lesen nur 43% der Amerikaner täglich eine Zeitung (online oder gedruckt).

Jeden Tag werden in Deutschland über 25 Millionen Zeitungen verkauft. Die höchste Auflage hat die *Bild-Zeitung* mit knapp 4 Millionen Exemplaren. Andere überregionale Zeitungen mit hohen Auflagen sind *Die Welt,* die *Süddeutsche Zeitung,* und die *Frankfurter Allgemeine Zeitung.*

🗨 **Bist du gut informiert?** Sprechen Sie in Gruppen über die folgenden Fragen.
- Bist du gut informiert darüber, was in den USA und der Welt passiert?
- Wie informierst du dich? Bekommst du Nachrichten
  - aus dem Internet?
  - aus einer gedruckten Zeitung?
  - im Fernsehen oder im Radio?
- Wie oft liest oder hörst du Nachrichten?
- Wenn du dich nicht für die Nachrichten interessierst, warum nicht?
- Findest du, dass Amerikaner besser informiert sein sollten?

Obama in Buchenwald Artikel 1 besteht aus fünf Teilen. Markieren Sie am Rand des Textes, wo jeder Teil beginnt und endet. Dann suchen Sie im Text die wichtigsten Informationen und ergänzen Sie die Tabelle!

INHALT	WICHTIGSTE INFORMA-TIONEN
1 Obamas Besuch in Dresden und Buchenwald: Chronologie	*nach politischen Gesprächen und einem Besuch in Dresden ist er mit Kanzlerin Merkel nach Buchenwald geflogen*
2 Rolle von Elie Wiesel	
3 Persönliche Bedeutung des Besuchs für Obama	
4 Historische Hintergrund-informationen zum Konzentrations-lager	
5 Obamas Termine	

Angela Merkel, Barack Obama und Elie Wiesel in Buchenwald

US-Präsident in Buchenwald
Süddeutsche Zeitung 05.06.2009

US-Präsident Barack Obama und Bundeskanzlerin Angela Merkel haben das frühere Konzentrationslager Buchenwald besucht. Nach politischen Gesprächen und einem Besuch der Dresdner Frauenkirche am Freitagvormittag sind sie nach Buchenwald bei Weimar geflogen. Der Hubschrauberflug Obamas von der sächsischen Hauptstadt dauerte rund 50 Minuten.

Nach der Eintragung ins Goldene Buch des Freistaates Thüringen machten Merkel und Obama zunächst am Denkmal für die früheren Häftlinge halt. Anschließend besichtigten sie einen Teil des Lagers, darunter auch das Krematorium, in dem unzählige Juden verbrannt wurden.

Friedensnobelpreisträger Elie Wiesel führte die beiden Politiker durch das Lager. Er war bei der Befreiung des Lagers 1945 in Buchenwald inhaftiert gewesen.

Auf der gemeinsamen Pressekonferenz in Dresden hatten Merkel und Obama bereits auf die symbolische Bedeutung des Besuchs hingewiesen. Es sei für ihn „sehr wichtig, Buchenwald zu besuchen", sagte Obama.

Er sei noch nie in einem Konzentrationslager gewesen und habe speziell zu diesem eine persönliche Verbindung, sagte der US-Präsident. Sein Großonkel gehörte zu einer Einheit, die 1945 an der Befreiung eines Außenlagers von Buchenwald beteiligt war. Merkel bezeichnete es als einen bewegenden Moment, mit dem US-Präsidenten das Lager zu besuchen, das einst von amerikanischen Truppen befreit wurde.

Im Konzentrationslager Buchenwald waren von Juli 1937 bis April 1945 rund eine Viertelmillion Menschen aus allen europäischen Ländern inhaftiert. Die Zahl der Opfer wird auf mindestens 56.000 geschätzt. Zahllose Menschen starben an Hunger und Auszehrung, andere wurden umgebracht oder kamen bei medizinischen Versuchen ums Leben. Ein Großteil der jüdischen Häftlinge wurde ab 1942 nach Auschwitz deportiert und dort ermordet.

Nach dem Besuch in Buchenwald schloss der US-Präsident seinen eintägigen Deutschlandbesuch am Abend mit einer Stippvisite in Rheinland-Pfalz ab. In Landstuhl besuchte er ganz ohne deutsche Begleitung das US-Militärhospital, wo amerikanische Kriegsverwundete aus dem Irak und Afghanistan behandelt werden. Anschließend flog er nach Frankreich weiter. Dort wird Obama am Samstag an den Feiern zum 65. Jahrestag der Landung der Alliierten in der Normandie teilnehmen.

W-Fragen zum Text Suchen Sie in dem Text detaillierte Informationen über den Obama-Besuch in Deutschland und beantworten Sie die Fragen!

1 **Wann** hat Obama Buchenwald besucht?

2 **Wie** ist Obama dahin gekommen? **Wie** lange hat der Flug gedauert?

3 **Wer** hat ihn bei seinem Besuch begleitet?

4 **Was** haben sie besichtigt?

5 **Warum** war es für Obama wichtig, Buchenwald zu besuchen?

6 **Wie viele** Menschen sind zwischen 1937 und 1945 in Buchenwald gestorben?

7 **Wohin** ist Obama nach seinem Besuch in Buchenwald geflogen?

questions – 81, 95

Berichte schreiben

Texte vergleichen In dem zweiten Artikel über Obamas Besuch in Buchenwald geht es um die selben Ereignisse wie in dem ersten Artikel. Die zwei Texte unterscheiden sich aber in ihren Themen, in ihrer Struktur, in ihrer Sprache und im Ton. Diese Unterschiede sollten Sie analysieren, um besser zu verstehen, wie ein Journalist mit Tatsachen umgeht.

Obamas Buchenwald-Besuch: „Dieser Ort hat nichts von seinem Schrecken verloren"

2

von Florian Gathmann

Buchenwald – Der Himmel ist grau verhangen, ein kalter Wind bläst über die Ruinen der Häftlingsunterkünfte. Märzwetter im Juni. Das Licht über dem ehemaligen Konzentrationslager auf dem Ettersberg bei Weimar ist trüb.

Dies soll keiner der üblichen Jubelauftritte des US-Präsidenten werden.

Barack Obama will in Buchenwald erfahren, was er bisher nur aus Erzählungen seines Großonkels Charles Payne weiß. Jenem Mann, über den man sich in Obamas Kindheit erzählte, wie er sich nach seiner Rückkehr aus dem Zweiten Weltkrieg monatelang von der Familie abkapselte: wegen der Schrecken, die der US-Soldat vor allem bei der Befreiung des Buchenwald-Außenlagers im thüringischen Ohrdruf im April 1945 erlebt hatte.

Mehr als 60 Jahre später schreitet an diesem Freitagnachmittag sein Großneffe über den Buchenwalder Appellplatz, in den Händen eine weiße Rose, an der Seite Angela Merkel und zwei Überlebende des KZ. Einer der beiden Alten ist Elie Wiesel, der als 16-Jähriger interniert wurde und hier seinen Vater verlor. Der andere ist Bertrand Herz, Vorsitzender des Buchenwald-Komitees.

Es sind nur wenige Schritte vom Eingangstor mit der zynischen Inschrift „Jedem das Seine" bis zu einer Gedenkplatte. Sie ist ständig auf 37 Grad geheizt, um an die Lebenstemperatur der Buchenwald-Opfer zu erinnern. Zunächst legt Obama seine Rose nieder und verharrt für einen Moment, Merkel und die beiden KZ-Überlebenden folgen ihm. Dann setzt sich die Gruppe wieder in Bewegung, in Richtung des sogenannten Kleinen Lagers.

Es wird ein bewegender Geschichtsgang für den Präsidenten der Vereinigten Staaten. Wiesel, einem guten Freund Obamas, kommen im Kleinen Lager die Tränen. Schließlich stehen sie im ehemaligen Krematorium Buchenwalds.

Der Ort, an dem mehr als 50.000 Menschen starben, scheint für den Gast aus Washington an diesem Tag fühlbar zu werden. „Dieser Ort hat nichts von seinem Schrecken verloren", sagt Obama nach dem Rundgang. „Die Schönheit der Landschaft, der Horror des Lagers" – der US-Präsident ist spürbar bewegt.

Die Kanzlerin, die nicht zum ersten Mal auf dem Ettersberg zu Besuch ist, findet klare Sätze. „Buchenwald war kein Ort des Lebens, sondern des Todes", sagt sie. Man müsse das Gedenken an die Ermordeten auch in der Zukunft bewahren und alles tun,

„dass so etwas nie wieder geschieht". Dann sagt Merkel: „Ich verneige mich vor allen Opfern".

Der Zukunftspräsident Obama, in den so viele Menschen überall auf der Welt enorme Hoffnungen setzen, schaut in Buchenwald in die Vergangenheit des Nazi-Wahnsinns. Elie Wiesel spricht, nachdem ihm Obama das Mikrofon überlassen hat, über den Tod seines Vaters, den Schmerz darüber, die Ohnmacht. Es ist ein bewegendes Plädoyer für einen Blick in die Vergangenheit, um aus den Schrecken zu lernen. „Erinnerung ist die Pflicht von guten Menschen", sagt der alte Mann mit dem zerzausten grauen Haar schließlich und dreht sich zu Obama: „Sie tragen unsere Hoffnungen, Mr. President".

Ein paar Minuten später ist dieser Präsident schon wieder in der Luft – am Donnerstag war er noch in Ägypten gewesen, am Morgen in Dresden, am Abend steht der Besuch des großen US-Stützpunkts in Rheinland-Pfalz auf seinem Programm. Barack Obamas Leben als Präsident ist eine einzige Aneinanderreihung von Terminen.

Aber die zwei Stunden auf dem Ettersberg waren mehr als nur ein Termin.

Der Spiegel, 05.06.2009

Struktur-Vergleich Der zweite Artikel über Obamas Besuch in Buchenwald besteht aus sechs Teilen. Drei davon findet man auch in dem ersten Artikel – diese gemeinsamen Themen stehen unten in der Tabelle. Ergänzen Sie die Tabelle mit den **neuen** Themen aus dem zweiten Artikel!

1		4	Historische Hintergrundinformationen zum Konzentrationslager
2	Persönliche Bedeutung des Besuches für Obama	5	
3		6	Obamas Termine

Sprache und Ton Lesen Sie nochmal den Anfang von jedem Artikel (unten). Was sind die Unterschiede zwischen diesen Textausschnitten – in der Sprache und im Ton? Vergleichen Sie die Nomen, Adjektive und Verben! Welche Informationen werden wiedergegeben? Welche Zeitformen werden benutzt?

Aus der *Süddeutschen Zeitung*
US-Präsident Barack Obama und Bundeskanzlerin Angela Merkel haben das frühere Konzentrationslager Buchenwald besucht. Nach politischen Gesprächen und einem Besuch der Dresdner Frauenkirche am Freitagvormittag sind sie in das frühere Konzentrationslager bei Weimar geflogen. Der Hubschrauberflug Obamas von der sächsischen Hauptstadt dauerte rund 50 Minuten.

Aus dem *Spiegel*
Der Himmel ist grau verhangen, ein kalter Wind bläst über die Ruinen der Häftlingsunterkünfte. Märzwetter im Juni. Das Licht über dem ehemaligen Konzentrationslager auf dem Ettersberg bei Weimar ist trüb.
Dies soll keiner der üblichen Jubelauftritte des US-Präsidenten werden.

📄 **Herta Müller gewinnt Literatur-Nobelpreis** 2009 hat die deutsch-rumänische Autorin Herta Müller den Nobelpreis für Literatur gewonnen. Schreiben Sie den Anfang für einen Artikel darüber — entweder im Stil des Artikels aus der *Süddeutschen Zeitung* oder dem *Spiegel*. Vergleichen Sie Ihren Text mit anderen aus der Klasse.

Tatsachen wiedergeben Um journalistische Texte zu schreiben, brauchen Sie Ausdrücke wie diese:

time expressions – 68, 74, 75, 78, 145

WAS?	WANN?	WIE?	WO?
ab•schließen *to close*	ab 1990 *starting in 1990*	durch (den Wind)	da, dort *there*
bekannt geben *to announce*	anfangs *initially*	*by (the wind)*	dahin, dorthin fahren
bemerken *to notice*	anschließend *after that*	von (einem Fahrer)	*to go there*
beobachten *to observe*	bereits *already*	*by (a driver)*	in Deutschland
entdecken *to discover*	bis zum 12. November	mit (dem Hubschrauber)	nach Deutschland (fahren)
sich ereignen *to occur*	*until November 12*	*by (helicopter)*	in der Schweiz
erfahren *to learn, find out*	bisher *up to this point*	mit Hilfe (von Passanten)	in die Schweiz (fahren)
eröffnen *to open*	damals *back then*	*with (the help of passersby)*	in Berlin, in Boston
fest•nehmen *to capture*	demnächst *soon*		nach Berlin (fahren)
fest•stellen *to determine*	gegen 10 Uhr *around 10 a.m.*	**WARUM?**	am Fluß *at the river*
geschehen *to happen*	im Jahre 1989 *in 1989*		an der Grenze *on the border*
halt•machen *to make a stop*	rund 50 Minuten *about 50*	weil, da *(subordinating conjunctions)*	an der Ampel *at the stoplight*
heraus•finden *to find out*	*minutes*	denn *(coordinating conjunction)*	an der Kreuzung
schätzen *to estimate*	seit 2 Tagen *for 2 days*		*at the intersection*
statt•finden *to take place*	sofort *immediately*	als Folge *as a result*	auf dem Parkplatz
verhaften *to arrest*	von … bis *from … until*	aus dem Grunde	in der Umgebung *in the area*
verursachen *to cause*	vor 2 Tagen *2 days ago*	*for that reason*	vor dem Geschäft *in front*
vor•kommen *to occur*	vorigen Samstag		*of the shop*
	last Saturday		
	zunächst *first*		

making connections – 17, 33, 53, 145, 152

📄 **Dumme Diebe** Sie arbeiten bei einer kleinen Lokalzeitung. Sie haben gerade drei Meldungen von der Polizei bekommen und schreiben einen kurzen Artikel über eine davon. Wählen Sie eine Schlagzeile aus (rechts), und verwenden Sie Wörter und Ausdrücke aus der Tabelle, um die Tatsachen über den Vorfall wiederzugeben. Lesen Sie der Klasse den Artikel vor. Wer hat den besten Artikel geschrieben, und warum?

- Dieb verhaftet nach Begegnung mit Maus
- Dieb loggt sich bei Facebook ein, wird geschnappt
- Diebe malen sich Masken mit Filzstiften, werden sofort erkannt

Sprachtipps: *Ordering elements in an information-heavy sentence*

Journalistic style requires that information be conveyed in a concise manner. Ideally, the opening paragraph of a news article provides answers to most or all of the W-Fragen: was, wer, wann, wo, wie, und warum. This means that a single sentence may contain several words and prepositional phrases in answer to these questions. When writing in this genre, keep in mind that in most German sentences, information is ordered according to **time, manner** *and* **place**. *In other words, the answer to* wann *is followed by* wie *and finally by* wo.

wann

<u>Nach dem Besuch in Buchenwald</u> schloss der US-

Präsident seinen eintägigen Deutschlandbesuch

wann   wie   wo

<u>am Abend</u> <u>mit einer Stippvisite</u> <u>in Rheinland-Pfalz</u> ab.

Underline in the sentence below the phrases indicating time and place. If you were to add the phrase mit Angela Merkel (wie) *where would you put it?*

Mehr als 60 Jahre später schreitet

an diesem Freitagnachmittag sein Großneffe

über den Buchenwalder Appellplatz.

Note: any of the three elements – wann, wie, wo – may take first position in the sentence. By positioning a particular phrase at the beginning of the sentence, the author adds emphasis to that element.

wo   wie

<u>In Landstuhl</u> besuchte Obama <u>ganz ohne deutsche</u>

<u>Begleitung</u> das US-Militärhospital.

What would be the effect of placing the wie-*phrase rather than the* wo-*phrase at the head of this sentence? How would the meaning of the sentence change?*

Übung: Einen informativen Satz schreiben

Wählen Sie ein Wort oder einen Ausdruck aus jeder Spalte auf der gegenüberliegenden Seite und schreiben Sie einen Satz, in dem diese Wörter und Ausdrücke vorkommen. Achten Sie auf die Wortstellung und denken Sie daran, dass das wichtigste Element am Anfang des Satzes steht. Wie könnten Sie den Satz umformulieren, um ein anderes Element zu betonen?

word order in main clauses – 70, 138, 153

Ein Zeitungsartikel Sie sind Reporter/in für eine deutschsprachige Zeitung an Ihrer Uni. Sie haben die Aufgabe, einen Artikel über den Besuch von einer bekannten Person oder eine andere Veranstaltung zu schreiben.

1. Schritt: Hintergrundinformationen sammeln Über welchen Besuch oder welche Veranstaltung schreiben Sie?

- Wenn es um den Besuch einer bekannten Person geht, recherchieren Sie ihren Hintergrund. Woher kommt sie? Was ist sie von Beruf? Wofür ist sie bekannt? Worüber wird sie reden? Wann und wo findet die Rede statt?
- Wenn es um eine andere Veranstaltung (wie ein Konzert) geht, sammeln Sie Informationen dazu. Wer ist daran beteiligt? Wer hat die Planung gemacht? Wann, wo, wie und warum findet die Veranstaltung statt?

2. Schritt: Informationen vor Ort sammeln / Interviews führen Notieren Sie, was während des Besuchs oder der Veranstaltung passierte. Wenn möglich, interviewen Sie die Leute, die den Besuch oder die Veranstaltung geplant haben, sowie Menschen aus dem Publikum. Wie war die allgemeine Reaktion des Publikums? Schreiben Sie Zitate aus diesen Interviews auf, und vergessen Sie nicht, Namen zu notieren!

3. Schritt: Den Artikel schreiben Fassen Sie die gesammelten Informationen zu dem Besuch oder der Veranstaltung in Ihrem Zeitungsartikel zusammen. Entscheiden Sie sich, ob Sie im Artikel einen rein informativen oder einen eher impressionistischen Ton haben möchten.

- Im ersten Absatz geben Sie **einen Überblick** über die Veranstaltung oder den Besuch und beantworten Sie alle W-Fragen dazu.
- Im Hauptteil erwähnen Sie **die wichtigsten Informationen**, die Sie in Ihren Recherchen und vor Ort gesammelt haben. Hier könnten Sie auch die Atmosphäre bei der Veranstaltung beschreiben, sowie die Reaktion des Publikums.
- Schließen Sie den Artikel mit einem Satz, der **die Bedeutung** des Besuchs oder der Veranstaltung hervorhebt.
- Formulieren Sie eine Schlagzeile, die den Inhalt zusammenfasst und das Interesse der Leser weckt.

4. Schritt: Korrektur lesen Überprüfen Sie Ihren Artikel selbst und lassen Sie ihn von mindestens zwei anderen Studenten lesen. Sie sollten Ihnen sagen, ob alle Informationen klar und verständlich sind.

5. Schritt: Veröffentlichung *publication* **des Artikels** Arbeiten Sie mit anderen in der Klasse, um alle Artikel in einer Klassenzeitung zu veröffentlichen. Geben Sie der Zeitung einen Namen! Lesen Sie die Artikel und diskutieren Sie, welche Elemente der Zeitungsartikel am effektivsten und interessantesten sind.

Zwischenspiel: Wörterbuchtipps

Tips for using dictionaries

Hoppla! *Oops! Match these strange German sentences to the English ones that the well-meaning students were trying for.*

1 Das ist ein Spiel mit einem Ball und einer Fledermaus.

2 Ich liebe meine Kutsche.

3 Ich bin das Zicklein an der Rückseite der Kategorie.

4 Alles war Daune von da.

____ *From there every-thing went downhill.*

____ *I'm the kid at the back of the class.*

____ *That's a game with a ball and bat.*

____ *I love my coach.*

🗨 *What is the basic error that these students made?*

What advice would you give these aspiring German learners for the next time they aren't sure about how to phrase something in German? (Note: a native German is not always available when you need one.)

Zwischenspiel: Wörterbuchtipps

Don't drop the ball!

Wörterbuchtipps

Most online German-English dictionaries provide several possible German words that in some contexts are equivalent to the English word you entered. How do you choose the right word? It takes some patience. In many cases, you will want to find a reliable, detailed entry like the one on the right. Your best bet may be an old-fashioned printed dictionary.

🐾 **Übung 1** *Parts of a good dictionary entry:*

1 *The English word "drop" can be one of three different types of words. What do these abbreviations mean: "n," "vt," and "vi"?*
2 *What do the italicized English words in parentheses tell you?*
3 *What does the italicized single letter "m." indicate? What would "f." and "n." mean?*
4 *What does "jdn" mean? What does "jdm" mean?*
5 *Circle examples of additional grammar information.*
6 *What does the bold font signify? And what about that little squiggle (~)?*

---

drop [drop] 1 *n* (a) (*of liquid*) Tropfen *m*. **a ~ of blood** ein Blutstropfen. (b) (*fall: in temperature, prices*) Rückgang *m*. (c) **there's a ~ of three meters to the ledge** bis zu dem Felsvorsprung geht es vier Meter hinunter.
2 *vt* (a) (*allow to fall*) fallen lassen: *bomb, supplies, burdens* abwerfen. (b) (*omit: word*) auslassen (*from* in + *dat*). **to ~ sb from a team** jdn aus einer Mannschaft nehmen. (c) *candidate, friend* fallen lassen; *girl-/boyfriend* Schluss machen mit. (d) *idea, plan* fallen lassen. **you'll find it hard to ~ the habit** es wird Ihnen schwerfallen, sich (*dat*) das abzugewöhnen; **let's ~ the subject** lassen wir das Thema.
3 *vi* (a) (*fall: object*) (herunter)fallen; **to ~ to one's knees** auf die Knie fallen *or* sinken; **to ~ dead** tot umfallen. (b) **drop by** (*col*) vorbeikommen; **drop in** (*col: visit*) **to ~ ~ on sb** bei jdm vorbeischauen. (c) **drop out** (*from competition*) ausscheiden (*of* aus); **to ~ ~ of college** sein Studium abbrechen.
> **drop off** 1 *vi* (a) (*fall asleep*) einschlafen; (b) (*sales*) zurückgehen. 2 *vt sep* (*from car*) *person* absetzen.

📄 **Übung 2** Übersetzen Sie folgende Sätze ins Deutsche! *Highlight the parts of the dictionary definition that you use.*

1 *Fritz dropped his girlfriend because she ate garlic.* (Knoblauch *m*.)
2 *There wasn't a drop of blood on the floor.* (Boden *m*.)
3 *That idiot always drops the ball!* (Idiot *m*.)
4 *After the party, the dog dropped dead.* (Party *f*.)
5 *If we have time, we'll drop by.*
6 *Can you drop me off at the train station?* (Bahnhof *m*.)
7 *Last week the temperature dropped 10 degrees.* (10 Grad)

Tipp *If you want the plural of a noun, look up the singular on the German side of your dictionary. Usually the 2nd set of symbols after the entry indicates how to form the plural.*

Meinungen äußern • *Expressing Opinions*

5A: Reaktion   **5B: Stellungnahme**   **5C: Argumentation**

National identity and stereotypes

Reaction
Stereotypes
Facts, clichés, prejudicial
statements, generalizations

Adverbs
Reacting to statements
Expressing opinions
„Wie sind Amerikaner?"

Comment, online post
Online posts, short commentary
Highlighting main points
Scaffolding and transition
vocabulary for commenting

Breaking down stereotypes
„Das Spiel mit den Stereotypen"

Argument, analysis
Rhetorical strategies
Agreeing and rejecting arguments
Indirect speech, subjunctive I

Anglizismen *and* Denglish
Bundestagspräsident/in
Die Texterörterung
„Deutsch im Grundgesetz: Pro
und Kontra"

Aufgaben *Tasks*
Reacting to statements   •*initial reactions*
Expressing opinions   •*basic phrases*
Argument   •*how to avoid reinforcing*
    stereotypes

•*agreeing, opposing*
•*correcting, extending*

•*summarizing arguments*
•*contextualizing personal opinion*
•*assessing an argument*

Writing Skills
Differentiating types of opinion statements → Hedging / contextualizing an opinion →
Summarizing arguments and discussion → Supporting a claim → Reporting and assessing what others say

5A: Reaktion

🔊 **Wie reagieren Sie darauf?** *How do you react to these statements? Refer to the phrases below.*

Wie sind Amerikaner?

1 Wer nicht dick ist, ist Fitnessfanatiker.
2 Sie halten Schauspieler für absolut kompetent in allen Lebensfragen.
3 Sie glauben es nicht nötig zu haben, eine Fremdsprache zu lernen.
4 Sie sind gnadenlos patriotisch (und können das Gegenteil bei anderen nicht verstehen).
5 Kurze Aufmerksamkeitsspanne *attention span*.
6 Europa in 7 Tagen (Mittwoch: Venedig, Donnerstag: Paris, Freitag: Heidelberg).
7 Zu ihrem Doppel-Whopper und den extragroßen Pommes trinken sie eine große Diet-Coke.

Sprache und Kultur

1 Es ist wichtig, dass Kinder in den USA Englisch lernen.
2 Es ist wichtig, dass Kinder in Deutschland Englisch lernen.
3 Es ist wichtig, dass Kinder in den USA eine Fremdsprache lernen.
4 Rassismus ist ein großes Problem in der Welt.
5 Amerikaner haben ein realistisches Bild von Deutschen.
6 Gute Sprachkenntnisse sind der Schlüssel zur kulturellen Integration und Karriere.
7 Meine Sprache bestimmt *determines* meine Denkweise.

Wortschatz: Reagieren

Negativ	Neutral	Positiv
Nein. / Nicht. / Niemals.	Jein. *Yes and no.* Manchmal. Vielleicht.	Ja. / Jawohl. *Yes indeed.* / Immer. *Always.*
Das stimmt (überhaupt) nicht. *That's not right (at all).*	Das stimmt nur zum Teil. *That's only partly right.*	Das stimmt.
Auf keinen Fall. *No way.*	Nur in manchen Fällen. *Only in some cases.*	Auf jeden Fall! *Certainly.*
Das ist Quatsch! / Unsinn. *rubbish / nonsense*	Das letzte Wort ist noch nicht gesprochen. *The jury is still out.*	Das ist logisch / sinnvoll. *sensible* Das ist doch klar!
Das ist eine schlechte / dumme Idee.	Keine Ahnung. *No clue.*	Das ist eine gute / hervorragende *great* Idee.
Ich stimme damit (überhaupt) nicht überein. *I don't agree with that (at all).*	Ich bin nicht sicher, was ich dazu meine.	Ich stimme damit (völlig) überein. *I agree with that (completely).*
Ich bin dagegen.	Das ist mir egal.	Ich bin dafür.

expressing opinions – 50, 97, 99, 105, 114

Meinungen äußern

Übung 1 *Underline the phrases in the interview below used to express or ask about opinions and perspectives. Make a list of these in the box.*

Ein Interview mit Anne aus Berlin

Warum studierst du hier in den USA? Natürlich <u>finde ich</u> es eine tolle Erfahrung, hier in den USA zu studieren. Ich meine, dass jeder ein Austauschjahr machen sollte.

Was studierst du? Ich bin eigentlich gerade mit meinem Studium in Deutschland fertig. Ich habe Deutsch und Englisch auf Lehramt studiert.

Suchst du eine Stelle in Deutschland? Noch nicht. Einige Freunde denken, es wäre besser, wenn ich einfach in Deutschland bleibe, und gleich eine Stelle suche. Aber ich finde diese Auslandserfahrung wichtiger.

Was hältst du von den Studenten in den USA? Ja, die Studenten sind alle sehr freundlich aber ein bisschen unerfahren. Sie kennen nur ihre kleine Welt.

Was möchtest du unbedingt in diesem Jahr sehen oder tun? Ich will unbedingt Chicago sehen. Meiner Meinung nach sind Großstädte fast immer sehenswert. Ich möchte auch vielleicht nach New York oder Washington DC. Mal sehen.

ich finde

schooling – 2, 8, 9, 48, 49

Übung 2 *Answer these questions about yourself. Use at least four of the opinion phrases you identified above.*

Wie finden Sie Ihre Heimatstadt?

Wollen Sie ein Jahr im Ausland verbringen?

Was für eine Schule / Uni besuchen Sie?

Warum lernen Sie Deutsch?

questions – 81, 85

Übung 3 *Share your answers to the above questions with a partner. Take a few notes on your partner's answers to report to others in the class.*

Wortschatz: Aussagen differenzieren Wie differenziert man Aussagen? Verstehen Sie die Unterschiede?

der **Fakt**, die Fakten Adjektiv / Adverb: faktisch	Es beruft sich auf Statistik als Beweis. Das ist ein Bericht von den persönlichen Erfahrungen *personal experiences* einer Person.
das **Klischee**, die Klischees Adjektiv / Adverb: klischeehaft	Das ist ein Stereotyp oder Klischee von ___. Diese Idee kommt von den Medien oder Geschichten, aber das ist nicht unbedingt die Wahrheit *truth*.
das **Vorurteil**, die Vorurteile *preconception* Adjektiv / Adverb: nachteilig *prejudicial(ly)*	Das ist etwas sehr Negatives. Es wird von „allen" oder „jedem" gesprochen. Es gibt keinen Spielraum für Unterschiede *wiggle room for differences*. Es kann eine negative Einstellung anderen gegenüber hervorrufen *lead to a negative attitude toward others*.
die **Verallgemeinerung**, die Verallgemeinerungen *generalization* Adjektiv / Adverb: im Allgemeinen	Sie zeigt, dass es Tendenzen gibt, aber nicht, dass die Aussage alle in einer Gruppe betrifft *pertain to*. Sie versucht, Recherchen oder Fakten zusammen zu fassen.

Was für Aussagen sind das? *React to the following statements, and explain briefly what sort of statement each is. Refer to the table above and the example below.*

Aussagen	Ihre Reaktionen
Amerikanische Studenten wollen nur auf Partys gehen und Bier trinken.	*Das ist ein Klischee. Ich stimme mit dieser Aussage nicht überein. Einige Studenten gehen auf Partys aber nicht alle.*
Achtzig Prozent aller Amerikaner glauben an Gott und nennen sich „Christen".	
Meine Freunde in Deutschland essen sehr gern in Restaurants.	
Die Deutschen sind alle Ordnungsfanatiker.	
Da ist eine Frau am Steuer *at the wheel*! Schnell vorbeifahren, bevor sie einen Unfall verursacht!	
Amerikaner lieben Cowboyhüte und essen immer bei McDonalds.	

Interkulturelle Sensibilität: eine Online Post *Below are online posts by people reacting to a story about a visit to the USA. React to three of the statements with a brief online post that makes clear you understand the statement and that will not encourage a continued exchange of clichés. Use the phrases from this unit.*

Amerikaner sind so arrogant!	→ Das ist ein Klischee. Das stimmt nur zum Teil. Einige Leute sind arrogant und einige sind nicht arrogant.
Ich war auch in den USA, in Indiana. Ich fand die Leute sehr verschwenderisch. Sie fahren immer mit dem Auto und gehen nie zu Fuß.	→ Auf jeden Fall fahren viele Leute mit dem Auto. Das ist aber Ihre persönliche Erfahrung. In Washington DC oder Boston, zum Beispiel, fahren viele Leute nicht so viel.

Posts

1 Amerikaner haben keinen Sinn für Umweltschutz *environmental protection.*

2 Amerikaner sind immer sehr religiös und oft auch Fanatiker.

3 Ja, das Essen in Amerika ist furchtbar. Alle essen Hamburger und Steak. Viel Fleisch und Fett.

4 Tja, mein Großonkel in Ohio fährt auch einen großen Hummer. Wahnsinn!

5 Das ist typisch! Amerikaner wissen nicht einmal, wo Deutschland liegt!

6 Meine Cousine studierte in Amerika. Sie sagte, die Studenten interessieren sich mehr für Sport als für das Studium.

Kultur: *Expressing opinions Although there is great variety among subcultures and personality types, many Germans are quite willing to tackle a discussion about a controversial topic with friends and visitors. In some contexts, "provocative" questions can be perceived by non-Germans as aggressive or unfriendly. However, sharing your opinions is generally considered a sign of openness.*

Wortschatz: *Adverbs, individualizing an opinion*

alle/jed— > die meisten ___ > viele > einige > wenige > keine
immer > (sehr) oft > oft > manchmal > selten > nie

Das ist (nur) …
… eine Perspektive
… eine Einstellung *attitude*
… eine persönliche Erfahrung *personal experience*
… eine Interpretation der Fakten / der Situation

expressing opinions – 50, 94, 99, 105, 114

5B: Stellungnahme

🌰 **Interkulturelle Einsichten** Unten stehen Aussagen aus einem Artikel (erschienen in *Die Zeit*, 2002) über die Assoziationen, die Deutsche und Amerikaner von einander haben. Reagieren Sie auf diese Aussagen! Dann diskutieren Sie: Was kann man durch diese Aussagen über die amerikanische Kultur lernen?

Sprachtipps: *to point to*
Use verweisen auf [+ *Accusative*] *with an added sentence or infinitive phrase to talk about the implications of a statement.*
Diese Aussage verweist auf…
eine Tendenz in der amerikanischen Kultur / einen Glauben unter Amerikanern   ☐, (nicht) ___ zu [Infinitiv].
                                                                                     ☐: [einen neuen Satz bilden].

Was Amerikanern an Deutschen
auffällt:
Manche deutsche Familien essen
tatsächlich zusammen zu Abend.

Kunden werden als Belästigung
burden empfunden.

Sicherheitsdenken, bloß kein Risiko
eingehen.

Deutsche halten ihre abrupte Art für
Ehrlichkeit *honesty*, aber sie wirkt
auf Amerikaner furchtbar aggressiv.

Wie reagieren Sie darauf?
Ich finde das interessant, denn meine Familie isst oft zusammen.
Was lernt man über die amerikanische Kultur?
Aussage 1 verweist auf eine Tendenz in der amerikanischen Kultur, nicht als Familie zusammen zu essen. Diese Aussage verweist auf einen Glauben unter Amerikanern: Zusammen essen ist nicht so wichtig.

🐦 Ein Thema diskutieren und zusammen fassen *summarize*

Wählen Sie *choose* eine Aussage auf der gegenüberliegenden Seite und fassen Sie die Meinungen Ihrer Gruppe zusammen. Folgen Sie diesem Schema!

Wir haben diese Aussage gewählt:

Die Meinungen in der Gruppe waren ☐ ähnlich ☐ unterschiedlich

Tom meint, dass …

Erika findet …

Josh ist der Meinung, dass …

Wir finden, dass diese Aussage auf ____ verweist.

☐ Im Großen und Ganzen ☐ Im Allgemeinen ☐ Alles in allem finden wir, dass …

Wortschatz: Meinungen äußern

Introducing your opinion
Mir scheint, dass … *it seems to me that…*
Ich bin der Meinung, dass
Ich finde …

Highlighting
Interessant ist …
Der Schwerpunkt *main point* ist …
Es geht hier hauptsächlich um …
Die Frage ist …
Dies deutet auf [+Akk] hin.

Agreeing
Genauso ist es.
Es ist klar, dass …
Was daran stimmt, ist …

Correcting, opposing
gleichzeitig *at the same time*
Man sollte aber nicht vergessen, dass …
Besser wäre, wenn … *it'd be better if*
Diese Idee / Kritik / Aussage kann ich nicht nachvollziehen *relate to.*

Extending
dazu *in addition*
darüber hinaus *moreover*
trotzdem *nevertheless*

Summarizing
im Großen und Ganzen *overall*
im Allgemeinen *in general*
alles in allem

expressing opinions – 50, 94, 97, 105, 114

Leserkommentare Was kann man gegen Stereotypen tun? Lesen Sie den Artikel! Wie reagieren Sie auf das Projekt?

Das Spiel mit den Stereotypen   von Elisabeth Otto

Deutsche sind pedantisch, ordentlich und trinken Bier – Amerikaner sind arrogant, aufgeschlossen und essen Fastfood. Vorurteile gibt es viele. Ein deutsch-amerikanisches Künstler-Duo will sich selbst ein Bild machen.
Florian Thalhofer und Mark Simon, ein Künstler aus Berlin und ein amerikanischer Filmemacher, wollen dem typischen Deutschen beziehungsweise dem typischen Amerikaner auf die Spur kommen. Florian Thalhofer wird 40 Tage mit dem Motorrad durch das Amerika abseits der großen Metropolen reisen und in einem Video-Blog davon berichten. Parallel dazu begibt sich der amerikanische Filmemacher Mark Simon auf eine Deutschland-Odyssee und hält die Eigenheiten in Bildern und Worten fest. „1000 Stories" heißt das Projekt. Dadurch, dass beide Künstler parallel reisen, hoffen sie, ihre eigenen Vorurteile austricksen zu können.

Auf der Flucht vor Vorurteilen
„Amerika fand ich damals ganz schlimm", erinnert sich Thalhofer an eine Reise vor 15 Jahren durch die USA. Doch irgendwann sei ihm aufgefallen, dass das Bild in seinem Kopf so nicht stimmen könne, dass es einfach andere Seiten geben müsse. Insofern bemüht er sich heute, und auch mit dem Experiment, sein eigenes Amerika-Bild zu relativieren.

Das Problem mit Stereotypen sei, dass sie auf der einen Seite sehr praktisch seien, um Dinge beurteilen zu können, aber andererseits auch immer nicht ganz wahr seien. Darum täte man sich auch schwer sie auszusprechen. Sich selbst bezeichnet der Berliner durchaus als typisch deutsch – ohne genau zu wissen, woran er es festmachen soll.

Ein Beispiel für etwas in der amerikanischen Kultur, dass leicht missinterpretiert werde, sei die Freundlichkeit, die mit Oberflächlichkeit verwechselt werde. „Das ist einfach eine andere Art auf jemanden zuzugehen", verdeutlicht Thalhofer seinen Standpunkt.

Fremdbestimmte Reiseroute
Eine begleitende Installation zu dem Video-Weblog „1000 Stories" wird es im New Yorker Goethe-Institut geben. Beides soll sich langsam mit Inhalten füllen. Am Ende der Tour will Thalhofer das Material in einem Korsakow-Film zusammenfassen.

Das Spiel mit den Stereotypen: Leserkommentare

Unterstreichen Sie Phrasen in den Kommentaren unten, die nützlich sind, um Ihre eigenen Kommentare zu machen.

1 Tomtom

21.09.2007 – **Tolle Idee**

Für viele Amerikaner laufen wir Deutsche auch den ganzen Tag in Lederhosen durch die Gegend. Hoffentlich kann das Projekt die Stereotypen auf beiden Seiten etwas abbauen.

2 Angel_hier

21.09. 2007 – **Interessant, aber…**

Ich finde das schön für Thalhofer und Simon, aber woher wissen sie, dass ihre Bilder das echte Bild von Deutschland oder Amerika wiedergeben? Das Projekt ist schon eine interessante Idee, aber es sind schließlich nur noch weitere kleine Bilder von Kulturen, die sich nicht durch ein paar Fotos darstellen lassen.

3 Radrider

22.09.2007 – Dies ist eine Antwort auf Kommentar Nr. 2 – **Besser als Nichts**

Na, klar! Eine Kultur kann man nicht in ein paar Bildern zusammenfassen. Aber zumindest ist es ein Versuch ihre Bilder (unsere Bilder?) von den zwei Ländern zu verbessern. Ich würde gerne mitfahren!

4 Pfad_finderin

22.09.2007 – Dies ist eine Antwort auf Kommentar Nr. 2 – **Ich stimme damit…**

Ich stimme damit überein. Die Frage ist: lohnt es sich, das Geld für dieses Projekt auszugeben? Mal sehen, ob das Videolog oder die Installation am Ende gut ist. Es könnte sein, dass Thalhofer und Simon nur eine Motorradfahrt durchs Land machen wollen.

Leserkommentar Schreiben Sie einen Leserkommentar zu diesem Artikel. Sie können von Neuem anfangen oder auf einen der Kommentare links reagieren.

1   Denken Sie sich einen Online-Namen aus.
2   Schreiben Sie das Datum auf deutsche Weise.
3   Schreiben Sie Ihren Kommentar. Verwenden Sie dabei viele Phrasen aus 5A und B.
4   Geben Sie Ihrem Kommentar einen Titel.

writing dates - 6, 40, 74

Eine Stellungnahme: „US-Amerikaner / Kanadier / _____" sein Was sagen Sie dazu? Was bedeutet es, „US-Amerikaner" zu sein? Folgen Sie diesen Schritten, um eine Stellungnahme zu schreiben.

1. Schritt: Brainstorming Was sind Stereotypen oder Klischees? Was sind Fakten? Was sind Ihre Assoziationen, Erfahrungen und Meinungen?

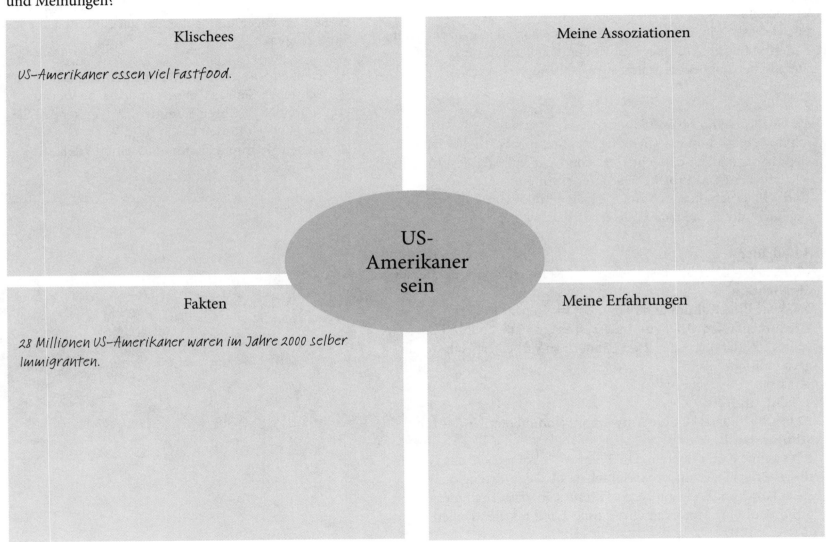

Klischees

US-Amerikaner essen viel Fastfood.

Meine Assoziationen

US-
Amerikaner
sein

Fakten

28 Millionen US-Amerikaner waren im Jahre 2000 selber Immigranten.

Meine Erfahrungen

2. Schritt: Schwerpunkte feststellen
Determine your main points.

„US-Amerikaner" sein heißt...
patriotisch sein.

„US-Amerikaner" sein heißt nicht...
intolerant sein.

Wichtige Assoziationen / Erfahrungen / konkrete
Beispiele
US-Amerikaner sind optimistisch.

3. Schritt: Rhetorische Mittel als Einstieg
Choose a good springboard for beginning your commentary: a quote, rhetorical question, statement, etc.

4. Schritt: Die Stellungnahme schreiben
Draft your comment. Refer to phrases from this chapter and models in 5B.

5. Schritt: Den Schluss schreiben
Reread your introduction and the body of your commentary. Then formulate a fitting concluding statement. Refer to phrases from this chapter!

6. Schritt: Die Stellungnahme fertig stellen *Polish and edit steps 1–5 into your* Stellungnahme.

5C: Argumentation

Kultur: Anglizismen in der deutschen Sprache In der heutigen deutschen Sprache gibt es viele Wörter, die aus dem Englischen stammen. Diese „Anglizismen" werden auch manchmal mit dem negativeren Wort „Denglisch" (Deutsch + Englisch) bezeichnet. Anglizismen findet man vor allem in den folgenden Bereichen. Kennen Sie weitere Beispiele?

Das Business *das Marketing, der Manager*

Die Pop-Kultur *die Kids, chillen*

Die Technologie *der Laptop, chatten*

technology words – 2, 22, 24

Woran liegt es Ihrer Meinung nach, dass die deutsche Sprache verkommt?

- Es wird weniger gelesen: 53%
- Einfluss anderer Sprachen: 49%
- SMS und E-mails: 48%
- Am TV-Konsum: 44%
- An der Erziehung: 41%
- An den Medien: 33%
- An der Schule: 22%

Deutschland; ab 16 Jahre; Befragte mit der
Ansicht, die deutsche Sprache verkommt;
1.820 Befragte; IfD Allensbach

© Statista 2009
Quelle: IfD Allensbach

Pseudo-Anglizismen Im Deutschen werden einige „englische" Wörter verwendet, die es auf Englisch entweder gar nicht gibt, oder die eine ganz andere englische Bedeutung haben. Unten sind Beispiele – Wie heißen diese Pseudo-Anglizismen auf Englisch?

1 Handy
  a *cell phone*
  b *glove*
  c *handmade*

4 Talkmaster
  a *speech writer*
  b *public address system*
  c *television host*

2 Oldtimer
  a *senior citizen*
  b *analog clock*
  c *classic car*

5 Beamer
  a *projector*
  b *headlight*
  c *spaceship*

3 Smoking
  a *unhealthy habit*
  b *tuxedo jacket*
  c *attractive woman*

6 Hometrainer
  a *fitness coach*
  b *vacuum cleaner*
  c *exercise bike*

Meinungen der Deutschen zum „Denglisch"
„Droht die deutsche Sprache immer mehr zu verkommen?" *Is the German language in decline?*
In einer Umfrage aus dem Jahr 2008 haben 65% der Befragten (1820 Menschen ab 16 Jahren) diese Frage mit „Ja" beantwortet. Viele Gründe dafür wurden angegeben, wie in der Grafik (links) zu sehen sind. „Es wird weniger gelesen" und der „Einfluss anderer Sprachen" haben die meisten als Erklärungen dafür angegeben.

Wortschatz: Meinungen äußern

In einer Diskussion ist es wichtig, dass man in der Lage ist, die eigene Meinung klar zu äußern und auf die Meinungen von anderen zu reagieren. Die folgenden Ausdrücke können dabei hilfreich sein:

Zustimmen *Agreeing*

- Da bin ich mit der Aussage von ___ einverstanden.
- Ich finde, er/sie hat vollkommen Recht.
- Der Ansicht bin ich auch.
- Ich halte ___ für eine hervorragende Idee.
- Ich stimme mit ihm/ihr überein.

Eine Meinung bestreiten *Disagreeing*

- Ich sehe die Sache anders.
- Ich stimme mit ___ nicht überein.
- Ich finde die Aussage / das Argument / den Schluss nicht ganz richtig.
- Im Gegensatz zu ihm/ihr finde ich, dass …

Eine neutrale Meinung vertreten

- Das mag sein.
- Möglicherweise schon.
- Da bin ich mir nicht sicher.
- Dazu kann ich nichts sagen.

Die eigene Meinung kontexualisieren

- aus meiner Perspektive
- in mancher Hinsicht *in some ways*
- meiner Erfahrung nach *in my experience*
- Man könnte auch sagen, dass …

🗩 Sprachpolitik Diskutieren Sie in Gruppen über die folgenden Themen. Äußern Sie Ihre Meinungen und reagieren Sie auf die Meinungen von anderen. Benutzen Sie dabei diese Fragen:

- Was meinst du dazu?
- Wie siehst du das?
- Was hältst du davon?

→Warum gibt es in der deutschen Sprache so viele Anglizismen? Warum sind englische Wörter bei den Deutschen so beliebt?

→Der Germanist Rudi Keller behauptete in einem Interview, dass Sprachen nicht verfallen, sondern sich einfach verändern *change*. Sollte man versuchen, immer „korrekt" zu schreiben und zu sprechen, oder sollte man akzeptieren, dass sich eine Sprache mit der Zeit verändert?

→In den USA sind einige der Meinung, dass Englisch in der amerikanischen Verfassung *constitution* als „offizielle Landessprache" bezeichnet werden sollte. Manche plädieren auch für *"English only"* an amerikanischen Schulen. Was sind die Gründe dafür? Was meinen Sie dazu?

→Auf der nächsten Seite lesen Sie von drei Studenten, die in einer Berliner Wohngemeinschaft (WG) leben. Sie haben sich entschieden, keine Anglizismen zu verwenden – und wer sich nicht daran hält, muss bezahlen. Was halten Sie von dieser Idee?

expressing opinions – 50, 94, 97, 99, 114

Anti-Anglizismen-WG
Man spricht deutsch
Von Birgit Tanner   *Der Spiegel*, 18. Januar 2005

**Shampoo, Chips und Pullover? Diese Dinge kommen
in einer Berliner Wohngemeinschaft nicht vor. Sie
heißen dort Haarwaschmittel, Kartoffelscheiben und
Überzieher. Die drei Mitbewohner haben sich der
Sprachpflege verschrieben: Wer Anglizismen gebraucht,
zahlt in die Haushaltskasse.**

„Kompaktschallplattenspieler", „Lichtabtaster" oder
„Herrenunterhose mit kurzem Beinteil": Diese deutschen
Übersetzungen der englischen Begriffe „CD-Player",
„Scanner" oder „Boxer-Shorts" gebraucht eigentlich
niemand. Und doch gehören sie zum täglichen Vokabular
der drei WG-Genossen Tim, Fabian und Kiki. Die
BWL- und Geografiestudenten leben zusammen in einer
Wohngemeinschaft in Berlin-Mitte und haben sich der
Pflege der deutschen Sprache verschrieben.

Den Anstoß dazu gab ihnen Bundestagspräsident Wolfgang
Thierse, der die Deutschen Anfang November in einer
Fernsehsendung dazu aufrief, sich wieder stärker auf
ihre Muttersprache zu besinnen. Gesagt, getan – die
Idee für das ungewöhnliche Sprachprojekt war geboren.
Seither verbannen die drei Studenten jeden Anglizismus
konsequent aus ihrem Sprachgebrauch.

Wer sich dennoch verbale Ausrutscher leistet, muss
bezahlen. So sieht es der selbst auferlegte

Strafenkatalog vor. Für einen sprachlichen Lapsus
wie „Ketchup", „Toast" oder „Laptop" müssen 20 Cent
abgedrückt werden. Schwere Vergehen wie „gedownloaded"
und „absaven" werden mit 50 Cent geahndet. Begründung:
Denglisch, der krude Mischmasch aus beiden Sprachen, ist
besonders übel und muss entsprechend geahndet werden.
Unter der Woche wird akribisch eine Strichliste geführt, am
Wochenende ist Zahltag.

„SMS" heißt jetzt „KND" Trotz aller Vorsicht lassen sich
fremdsprachige Begriffe aber nicht immer vermeiden. Vieles
rutsche einfach so heraus, ohne dass man sich darüber
Gedanken mache, erzählt die 19-jährige Geografiestudentin
Kiki, während sie mal wieder im Duden blättert. An anderer
Stelle ist Kreativität gefragt, wie etwa zur Vermeidung
der Abkürzung „SMS". Bei den Berliner Sprachpflegern
heißt die elektronische Botschaft „KND" – das steht für
„Kurznachrichtendienst".

Die einzige Funktion vieler Anglizismen sei häufig, eine
simple Sache künstlich aufzuplustern, zum Beispiel eine
Berufsbezeichnung, meint Tim. Er erzählt von seinem
Wehrdienst als so genannter „Information Coordination
Center Operator". „Gefreiter klingt eben nicht so toll".

Sprachpanscher an der Uni Eine Heimstätte der
Sprachpanscher ist nach Tims Überzeugung die Universität.
Die Professoren geben sich laut Tim „keine Mühe mehr,
deutsche Begriffe für Anglizismen" zu finden. „Ihnen fällt
ihre englischlastige Ausdrucksweise gar nicht mehr auf"
ärgert sich der BWL-Student, der statt „Marketing" lieber

„Absatzwirtschaft" studiert. „Es ist einfach ein Trend, Englisch in die Sprache einfließen zu lassen", meint Fabian und entfacht damit eine Diskussion über das Wörtchen „Trend". Nach kurzer Zeit ist die Herkunft geklärt, „Trend" ist Englisch und Fabian um 20 Cent ärmer.

Deutsch, aber keine Deutschtümelei Mit Deutschtümelei habe das Sprachprojekt nichts zu tun, betonen die Studenten. Sie seien nur neugierig darauf, ob sie es schaffen, ganz ohne „Denglisch" auszukommen. Auch wenn der „Beitrag im Kleinen" für die Muttersprache bisweilen ziemlich ins Geld geht. Von der Idee, das gesammelte Strafgeld gemeinsam in einer „Tanzwirtschaft" zu verbraten, rückt Fabian wieder ab und verweist auf attraktivere Ausgabemöglichkeiten: „Mittlerweile könnten wir davon wahrscheinlich schon in Urlaub fahren".

Kultur: Der/die Bundestagspräsident/in
Der/die Bundestagspräsident/in ist Präsident/in des deutschen Parlaments und leitet die Bundestagssitzungen. Er oder sie wird nach jeder Bundestagswahl von den Abgeordneten gewählt; normalerweise ist er/sie Mitglied der Partei, die die meisten Abgeordneten im Bundestag hat.
Die letzten drei Bundestagspräsidenten:
Rita Süssmuth (CDU) – 1988–1998
Wolfgang Thierse (SPD) – 1998–2005
Norbert Lammert (CDU) – 2005–

🗨 Fragen zum Text

1 Warum wollen diese drei Studenten jeden Anglizismus vermeiden *to avoid*? Wie begründen sie diese Entscheidung?

2 Am Ende behaupten die Studenten, dass ihr Anti-Anglizismus-Projekt nichts mit „Deutschtümelei" zu tun habe. Was bedeutet „Deutschtümelei", und warum wäre es problematisch, wenn das der Grund für ihr Projekt wäre?

3 Was halten Sie von der „Anti-Anglizismus-WG"? Finden Sie die Begründungen dafür überzeugend *convincing*?

Eine neue Sprache
Wie heißen diese Anglizismen in der Anti-Anglisizmus-WG? Verbinden Sie die Wörter in der linken Spalten mit ihren deutschen „Übersetzungen"!

Computer   elektronische Post
Laptop   sprödes Kleingebäck
E-mail   geröstetes Weißbrot
Cola   Rechner
downgeloaded   Fleischbrötchen mit Käse
Comic   tragbarer Rechner
Homepage   Bildgeschichte mit Sprechblasentext
Toast   heruntergeladen
Cheeseburger   koffeinhaltiges Erfrischungsgetränk
Cracker   Grundrichtung einer Entwicklung
Trend   Heimseite

Sprachtipps: Indirekte Rede und Konjunktiv I *Direct discourse is easy to identify in a text. Just look for the quotation marks:*
„Ihnen fällt ihre englischlastige Ausdrucksweise gar nicht mehr auf", ärgert sich der BWL-Student.

One can transform a direct quote into **indirect** *discourse by introducing the quote with* dass *and removing the quotation marks:*
Der BWL-Student ärgert sich, dass [den Professoren] ihre englischlastige Ausdrucksweise gar nicht mehr auffällt.

haben		fallen	
ich habe	wir haben	ich falle	wir fallen
du habest	ihr habet	du fallest	ihr fallet
er/sie/es habe	sie/Sie haben	er/sie/es falle	sie/Sie fallen

können		sein	
ich könne	wir können	ich sei	wir seien
du könnest	ihr könnet	du seiest	ihr seiet
er/sie/es könne	sie/Sie können	er/sie/es sei	sie/Sie seien

However, you can further underscore the fact that the ideas expressed in a particular statement are not your own by changing the verbs from the **indicative** *to the* **subjunctive** *voice (Konjunktiv I):*
Der BWL-Student ärgert sich, dass [den Professoren] ihre englischlastige Ausdrucksweise gar nicht mehr **auffalle**.

Konjunktiv I *is formed by adding the endings* **-e, -est, -en** *or* **-et** *to the* **verb stem** *(the infinitive form of the verb with* **-en** *dropped).*

Note that the ich *and* er/sie/es *forms of the verb* sein (ich sei/er sei) *do* **not** *have an ending. Remember that if the* Konjunktiv I *forms of a verb are identical to the indicative forms, you do not use them – use* Konjunktiv II *forms instead. Because they differ most clearly from the indicative, the* Konjunktiv I *forms you see most frequently are in the* **3rd person singular** *(highlighted above).*

Übung 1 Indirekte Rede → Direkte Rede Unten sind Sätze aus dem Artikel „Man spricht deutsch". Machen Sie einen Kreis um die Verben, die im Konjunktiv I stehen. Dann schreiben Sie die Sätze um und machen Sie daraus **direkte** Zitate.

1 Vieles (rutsche) einfach so heraus, ohne dass man sich darüber Gedanken (mache), erzählt Kiki.

Kiki erzählt, *„Vieles rutscht einfach so heraus, ohne dass man sich darüber Gedanken macht".*

2 Die einzige Funktion vieler Anglizismen sei häufig, eine simple Sache künstlich aufzuplustern, meint Tim.

Tim meint,

3 Mit Deutschtümelei habe das Sprachprojekt nichts zu tun, betonen die Studenten. Sie seien nur neugierig darauf, ob sie es schaffen, ganz ohne „Denglisch" auszukommen.

Die Studenten betonen,

Übung 2 Direkte Rede → Indirekte Rede Unten finden Sie Zitate aus einem Interview mit dem Germanisten Rudi Keller. Schreiben Sie die direkten Aussagen als **indirekte** Zitate. Verwenden Sie dabei den Konjunktiv I. Vergessen Sie nicht, dass nur das **konjugierte** Verb in den Konjunktiv umgeschrieben wird.

1 Keller: „Eine Sprache **ist** ja auch nicht nur dazu da, sich zu verständigen".

Keller meint, eine Sprache sei ja auch nicht nur dazu da, sich zu verständigen.

2 Keller: „Bei uns **gibt** es derzeit eher die Tendenz, dass man etwas ‚mündlicher' **schreibt** als vor 40 oder 50 Jahren".

Keller erklärt,

3 Keller: „Man **darf** das mit dem Richtig und Falsch nicht so dogmatisch sehen".

Keller behauptet,

4 Keller: „Ob ein friesischer Fischer sich gut mit einer Allgäuer Sennerin unterhalten **kann**, **weiß** ich auch nicht".

Keller sagt,

Debatte über die offizielle Sprache Deutschlands: Pro und Kontra

Auf den nächsten Seiten lesen Sie zwei kurze Texte, in denen die Frage debattiert wird, ob man Artikel 22 des deutschen Grundgesetzes (*basic law – equivalent to a national constitution*) ändern sollte. Der Text des Artikels lautet:

> **Artikel 22 des deutschen Grundgesetzes**
> (1) Die Hauptstadt der Bundesrepublik Deutschland ist Berlin. Die Repräsentation des Gesamtstaates in der Hauptstadt ist Aufgabe des Bundes. Das Nähere wird durch Bundesgesetz geregelt.
> (2) Die Bundesflagge ist schwarz-rot-gold.

2008 haben Mitglieder der CDU auf ihrem Parteitag den Vorschlag gemacht, dem Artikel 22 den folgenden Satz hinzuzufügen:

> **„Die Sprache der Bundesrepublik ist Deutsch".**

Dieser Vorschlag löste heftige Diskussionen in den Medien aus. Zu den Gegnern zählten Mitglieder der CDU (unter anderen Kanzlerin Angela Merkel). Politiker aus den anderen Parteien haben sich auch gegen den Vorschlag ausgesprochen.

Die folgenden Pro-und-Kontra-Texte wurden 2008 in der Zeitung *Rheinische Post* veröffentlicht. Norbert Lammert unterstützt den Vorschlag; Armin Laschet lehnt ihn ab.

Vor dem Lesen Was könnten Gründe sein, eine offizielle Sprache für ein Land im Grundgesetz festzulegen?

Warum wollen einige keine offizielle Landessprache?

Lesen Sie die fettgedruckten *bolded* Zeilen in den Pro- und Kontra-Texten! Was, vermuten Sie, ist der Schwerpunkt auf jeder Seite?

Während des Lesens Ein wirkungsvolles Argument besteht normalerweise aus vier Teilen:
- eine These *thesis*
- ein Argument
- Beweise und Beispiele *evidence and examples*
- eine Schlussfolgerung *conclusion*

Markieren Sie diese Teile in beiden Texten an dem Rand. Es kann aber sein, dass nicht alle Teile vorhanden sind!

Norbert Lammert

Meinungen äußern

PRO Deutsch im Grundgesetz

VON NORBERT LAMMERT, BUNDESTAGSPRÄSIDENT

Da ich das Thema damals mit in die öffentliche Diskussion eingeführt habe, freue ich mich natürlich sehr darüber, dass sich der Bundesparteitag der CDU mit großer Mehrheit meiner Meinung angeschlossen hat. Die zum Teil aufgeregte Kritik daran finde ich, freundlich formuliert, eher erstaunlich.

Üblicher Verfassungsstandard
Wenn ich etwa lese, dass der Vorsitzende der Türkischen Gemeinde in Deutschland erklärt, er verstehe das Vorhaben als „Assimilierungsdruck" und „mit demokratischen Geflogenheiten nicht vereinbar", dann ist das ein Hinweis darauf, dass es einer solchen Klarstellung offenkundig doch bedarf. Offenbar ist ihm auch nicht aufgefallen, dass in der türkischen Verfassung die Landessprache Türkisch ausdrücklich festgelegt ist. Ist das ebenfalls mit demokratischen Gepflogenheiten nicht vereinbar?

Sprache erstrangig
Der damalige Anlass meiner Initiative war die erste Föderalismusreform, die zu gleich zwei Dutzend Grundgesetzänderungen führte. Die Landessprache gehört für mich zwar nicht zu den Dingen, die ganz dringend im Grundgesetz geregelt sein müssen. Aber wenn ich mir anschaue, was wir alles neu in die Verfassung schreiben, dann finde ich keine überzeugende Begründung dafür, warum wir manches Nachrangige ins Grundgesetz aufnehmen, Erstrangiges aber auslassen.

Kulturelle Identität
Für das Selbstverständnis eines Landes, für seine kulturelle Identität, gibt es keinen wichtigeren Faktor als die Sprache. In 17 von 27 Mitgliedsländern der Europäischen Union ist die jeweilige Landessprache selbstverständlich in der Verfassung geregelt. Unter den drei deutschsprachigen Ländern hat nur eines „Deutsch" nicht in der Verfassung stehen. Das ist ausgerechnet das Land, das sich selbst nach seiner Sprache nennt.

Deutsch im Grundgesetz   KONTRA

VON ARMIN LASCHET,
CDU-MINISTER FÜR FAMILIE
UND INTEGRATION
(NORDRHEIN-WESTFALEN)
Schon die Benennung der
Hauptstadt Berlin war überflüssig.
Unser Grundgesetz ist die beste
Verfassung der Welt, weil es so
prägnant, klar und verbindlich und
ohne überflüssige Lyrik vor bald 60
Jahren verfasst wurde. Auch andere
wünschenswerte Ziele wie die Kultur
oder die Bedeutung des Sports, die
Kinderrechte oder die Rechte von
Senioren gehören nicht in unsere
Verfassung.

Zu viele Fremdwörter
Der übertriebene Hang vor allem zu
Anglizismen droht unsere Sprache
zu zerstören. Warum sagen wir
nicht einfach Endrunden statt
„Play-off-Spiele"? Und warum
soll ein Nachrichtensprecher
„Anchorman" heißen? Warum muss
jede Veranstaltung ein „Event" sein?
Warum muss eine Unterrichtung ein
„Briefing" sein?

Mehr Sprachförderung
Immer weniger Menschen sprechen
gutes Deutsch. Ich wünsche mir, dass
Kindern wieder mehr vorgelesen
wird und Eltern stärker auf ein gutes
Deutsch achten. Dass auch deutsche
Kinder immer häufiger zusätzliche
Sprachförderung brauchen, ist
ein alarmierendes Signal für den
Zustand unserer Sprache und unseres
Sprachgebrauchs.

Schlüssel zur Integration
Wer die Sprache nicht spricht, hat
keine Chance auf Bildung und
Karriere. Deshalb ist Sprache der
Schlüssel zur Bildung und damit zur
Integration. Wer an der Bildung
unserer Gesellschaft teilnehmen will,
muss gut Deutsch sprechen. Jeder
aber sollte sich bemühen, die deutsche
Sprache so zu lernen, dass er sich
verständigen und am gesellschaftlichen
Leben teilnehmen kann.

Mehr Deutsch in der EU
Deutsch ist gemeinsam mit 22
anderen Sprachen bereits Amtssprache
der Europäischen Union. Es ist auch
eine von drei Arbeitssprachen der EU-
Kommission. Das heißt, sie wird bei
internen Verfahren und
Beschlussfassungen verwendet, wenn
auch nicht immer konsequent. Nur
die Kerndokumente werden in alle
Amtssprachen übersetzt. In der Praxis
bedeutet das, dass die nicht zum
Kerndokument zählenden Anhänge etc.
fast ausschließlich in Englisch gefasst
sind. Wir brauchen mehr Deutsch in
der Europäischen Union. Wie anders
als auch durch Sprache soll sich Kultur
artikulieren?

Nach dem Lesen Was ist schließlich
das Hauptargument jeder Seite?

Nach dem Lesen – Argumente analysieren Beide Politiker gehen von derselben These aus: Die deutsche Sprache sei gefährdet. Der CDU-Vorschlag, Deutsch als die offizielle Sprache Deutschlands im Grundgesetz zu nennen, ist eine mögliche Lösung dieses Problems. Lammert ist dafür, aber Laschet ist dagegen. In beiden Texten geht es um zwei Themen: 1) das Grundgesetz und 2) wie man die deutsche Sprache schützen sollte. Ergänzen Sie die Tabelle mit Informationen aus den Texten von Lammert und Laschet.

Deutsch im Grundgesetz?	PRO – Lammert	KONTRA - Laschet
Welche Argumente bringen Lammert und Laschet in ihren Antworten auf die Frage „Deutsch im Grundgesetz"? Was gehört ins Grundgesetz, und was nicht?	Lammert behauptet, dass Deutsch ins Grundgesetz gehöre, weil die Sprache viel wichtiger sei als andere Dinge, die im Grundgesetz geregelt seien.	
Welche Beweise und Beispiele nennt jeder Politiker, um klar zu machen, dass seine Antwort auf die Frage die richtige ist?		Laschet gibt zu, dass die deutsche Sprache gefährdet sei, aber er schlägt andere Lösungen für das Problem vor, wie z.B.….
Gibt es am Ende des Textes eine Schlussfolgerung?	Sprache ist der wichtigste Faktor in der kulturellen Identität eines Landes.	
Wie schließt jeder Politiker seinen Text?		

Sprachtipps: Rhetorische Strategien Schriftsteller verwenden rhetorische Strategien, um effektive Argumente vorzubringen und damit ihre Leser zu überzeugen. Beispiele sind:
Wiederholung   *Repetition*
Wenn-dann Sätze   *If-then sentences*
Rhetorische Fragen   *Rhetorical questions*
Kurze, prägnante Sätze   *Short, incisive sentences*

Rhetorik analysieren
Welche rhetorischen Strategien verwenden Norbert Lammert und Armin Laschet?
Lesen Sie die Pro- und Kontra-Texte nochmal durch und markieren Sie die Stellen, wo rhetorische Strategien zu finden sind. Notieren Sie am Rande, welche Strategie verwendet wird!
Welche Strategie kommt am häufigsten vor?

📄 Eine Texterörterung

In einer Texterörterung arbeiten Sie mit einem Text, in dem ein Autor/eine Autorin zu einem Thema oder einer Frage Stellung genommen hat. Ihre Aufgabe ist es, die Meinungen des Autors/der Autorin zusammenzufassen, seine/ihre Argumentation zu analysieren, und dann selbst zu dem Thema eine Meinung zu geben. Sie können entweder die Texte von Lammert und Laschet erörtern, oder einen anderen Text wählen, wie z.B. einen Text zu der Frage, ob Lehrer an amerikanischen Schulen Unterricht nur auf Englisch geben sollten.

> **Kultur: Die Texterörterung** Eine Texterörterung ist ein strukturierter Aufsatz, der oft an deutschen Schulen geschrieben wird. Die Texterörterung findet man auch häufig als Aufgabe bei dem Abitur, vor allem in dem Prüfungsfach Deutsch.

1. Schritt: Was ist das Thema? Lesen Sie den Text mehrmals durch, damit Sie genau wissen, wie er aufgebaut ist und worum es in dem Text geht. Vergessen Sie nicht, dass ein wirkungsvolles Argument aus den folgenden Teilen besteht:

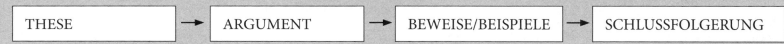

THESE → ARGUMENT → BEWEISE/BEISPIELE → SCHLUSSFOLGERUNG

Machen Sie Stichworte zu diesen vier Elementen. Achten Sie besonders darauf, ob der Autor/die Autorin Aussagen macht, ohne sie ausreichend zu begründen.

2. Schritt: Beurteilung der Argumentation

- Ist die Argumentation überzeugend? Werden die Argumente klar und logisch präsentiert und begründet, oder muss man „zwischen den Zeilen" lesen, um zu verstehen, was der Autor/die Autorin behaupten will?
- Werden die Argumente mit Beweisen belegt *supported*? Sind die Beweise überzeugend? Beispiele von überzeugenden Beweisen sind:
  - nachweisbare Tatsachen oder Statistiken
  - Aussagen von anerkannten Autoritäten
  - überprüfbare Erfahrungen
  - allgemein anerkannte Werte, Normen und Regeln
  - klare Vergleiche oder Analogien
  - anerkannte logische Denkmuster

3. Schritt: Textgliederung

Ihre Texterörterung sollte in drei Teile gegliedert werden. Auf der nächsten Seite finden Sie zu jedem Teil Vorschläge, sowie Wörter und Ausdrücke, die Ihnen helfen sollten, Ihren Aufsatz zu strukturieren.

I   **Einleitung**

II   **Hauptteil**   Zusammenfassung des Textes, Textkritik, eigene Meinung

III   **Schluss**

Wortschatz: Texterörterung

Einleitung – Hier geben Sie Ihren Lesern einen Überblick über den Text, den Sie behandeln. Wer hat den Text geschrieben? Wo und wann wurde er veröffentlicht? Worum geht es in dem Text? Was ist das Thema?

Hauptteil – Zusammenfassung des Textes
Ihre Überlegungen zum Thema und Argument im 1. Schritt sollten Ihnen als Vorlage für diesen Teil der Aufgabe dienen. Passen Sie auf, dass Sie klar zeigen, dass es hier um die Meinung des Autors/der Autorin geht. Benutzen Sie deshalb Konjunktiv I, wenn Sie die Argumente aus dem Text präsentieren.

Hauptteil – Textkritik
In diesem Teil gehen Sie von einer Zusammenfassung zu einer Beurteilung der Argumentation über. Ihre Antworten auf die Fragen im 2. Schritt (auf der letzten Seite) könnten bei der Formulierung Ihrer Kritik hilfreich sein. Finden Sie die Argumente des Autors/der Autorin überzeugend? Warum / warum nicht?

Hauptteil – Eine eigene Meinung bilden
Wie stehen Sie zu diesem Thema? In diesem Teil sollten Sie klar zeigen, ob Sie der Meinung des Autors/der Autorin zustimmen *agree with* oder sie ablehnen *reject*.

Schluss – Fassen Sie die allgemeinen Themen Ihrer Texterörterung zusammen.

---

erscheinen (erschien, ist erschienen) *to appear*
veröffentlichen *to publish*
eine Frage behandeln *to deal with a question*
sich mit einem Thema befassen *to deal with a topic*
Stellung nehmen zu *to take a position on*

---

eine Ansicht vertreten *to hold an opinion*
behaupten *to assert*
begründen *to give reasons, evidence*
Gründe anführen / nennen *to provide / cite reasons*
in Frage stellen *to call into question*
sich zu einem Thema äußern *to express oneself on a topic*
eine These / Meinung belegen *to support a thesis / opinion*
laut dem Autor/der Autorin *according to the author*

---

zustimmen	**ablehnen**
zweifellos *without a doubt*	zweifelhaft *doubtful*
ganz gewiss *very certainly*	fragwürdig *questionable*
befürworten *to support*	in Widerspruch stehen zu *to contradict*
einverstanden sein mit *to be in agreement with*	widersprechen *to contradict*
bestätigen *to confirm*	zurückweisen *to reject*
die Ansicht teilen *to share the opinion*	die Sache anders sehen *to see things differently*
für richtig halten *to consider correct*	für falsch halten *to consider incorrect*

---

im Großen und Ganzen *generally speaking, by and large*
im Endeffekt *in the end*
deshalb, daher, aus dem Grunde *for that reason*
eine Schlussfolgerung ziehen *to draw a conclusion*

6

Kreatives Schreiben • *Creative Writing*

| 6A: Gedichte | 6B: Märchen | 6C: Kurzgeschichte |

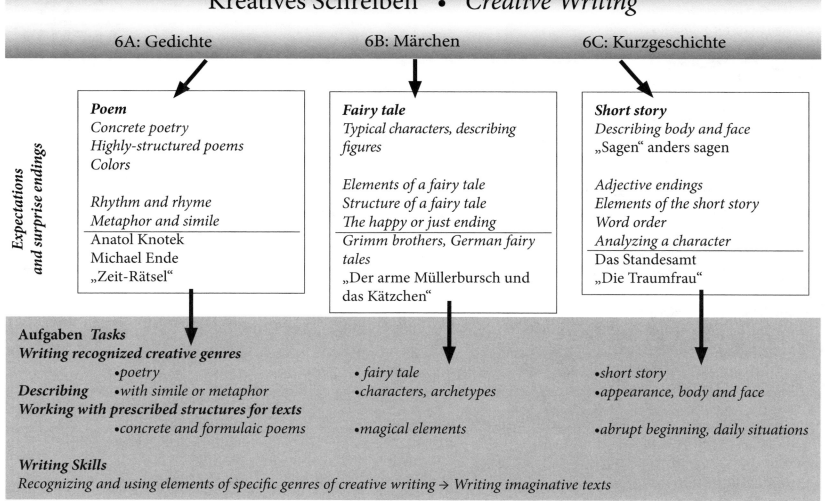

Expectations and surprise endings

Poem
Concrete poetry
Highly-structured poems
Colors

Rhythm and rhyme
Metaphor and simile

Anatol Knotek
Michael Ende
„Zeit-Rätsel"

Fairy tale
Typical characters, describing figures

Elements of a fairy tale
Structure of a fairy tale
The happy or just ending

Grimm brothers, German fairy tales
„Der arme Müllerbursch und das Kätzchen"

Short story
Describing body and face
„Sagen" anders sagen

Adjective endings
Elements of the short story
Word order
Analyzing a character

Das Standesamt
„Die Traumfrau"

Aufgaben *Tasks*
Writing recognized creative genres
- •poetry
- •with simile or metaphor

Describing
Working with prescribed structures for texts
- •concrete and formulaic poems

- • fairy tale
- •characters, archetypes

- •magical elements

- •short story
- •appearance, body and face

- •abrupt beginning, daily situations

Writing Skills
Recognizing and using elements of specific genres of creative writing → Writing imaginative texts

6A: Gedichte

Konkrete Poesie

In konkrete Poesie, *also called* visuelle Poesie, *meaning is underscored or represented by form and placement of symbols on the page.*

🗩 *Which of the two examples on this page do you like better and why? Both poems are by the modern Austrian poet Anatol Knotek.*

Die konkrete Poesie verwendet die phonetischen, visuellen und akustischen Dimensionen der Sprache als Instrument.

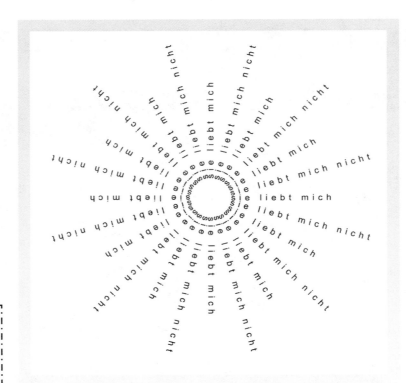

┌─────────────────────────────┐
Kultur: Anatol Knotek
Knotek was born in 1977 in Vienna, where he still lives and works as an artist. In addition to paintings, his artistic works are mainly concrete and visual poetry. Central to his art is the combination of image and text. Anatol is a member of the Berufsvereinigung der bildenden Künstler Österreichs, Schloss Schönbrunn, *a society of working artists in Austria.*
└─────────────────────────────┘

🖹 Konkrete Poesie schreiben

1 *Choose a German word or phrase and brainstorm ways to place, repeat or distort it on the page in order to underscore or add to its meaning.*
2 *Share your drafts with others. Which ideas are most popular?*
3 *Decide as a group what characterizes good* konkrete Poesie.

Poetische Mittel: Farben *Circle the colors which are not typically part of the rainbow. Then write the remaining colors in the box below in rainbow order.*

blau   braun   gelb   grün   lila   orange   rosa   rot   purpur   schwarz   weiß   grau

purpur

Struktur *Highly structured poetry forces the poet to explore a subject in new ways, voluntarily constrained by form. The Japanese poetic form haiku, for example, mandates three lines total with five syllables in the first and last lines, and seven syllables in the middle line. Experiment with the following highly structured poetry. Here are the rules with two examples.*

Schwarz	1. Zeile: eine Farbe (ein Wort)	Grün
Die Nacht	2. Zeile: Etwas, das diese Farbe hat (2 Wörter)	der Frühling
Es bleibt still	3. Zeile: Dessen genauere Bestimmung (3 Wörter)	Alles wächst neu
Ich höre trotzdem zu	4. Zeile: Über mich selbst, mit „ich" beginnend (4 Wörter)	Ich wachse fröhlich mit
Nichts	5. Zeile: Ein abschliessender Gedanke (1 Wort)	Hoffnung

Poesie nach Formel *Choose two colors and write drafts of two different poems following the structure or rules above. Get feedback and choose one to polish.*

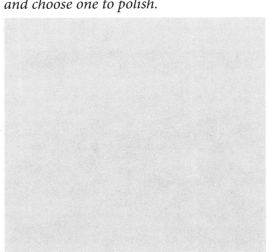

🗨 **Vergleich** *Compare these two types of poetry:* konkrete Poesie *and highly structured poetry.*

1   *How does each type of poetry use language?*
2   *What does each type of poetry force the poet to do?*
3   *What makes a poem of each type particularly good?*
4   *Which type do you prefer reading and why?*

Rhythmus und Reim In den folgenden Gedichten haben Rhythmus und Reim eine wichtige Funktion.

1   Raten Sie mal! *For each poem below choose the best title from the list. Write in the title and poet for each poem.*

Titel	Dichter *poets*
„Zeit-Rätsel"	Michael Ende (moderner Kinderbuchautor)
„Erlkönig"	Johann Wolfgang v. Goethe (berühmter Schriftsteller der Klassik)
„So wie ich mich seh"	Baff (eine Rapmusik-Band)
„in Wirklichkeit"	Anonym

2   *Underline the rhyming words. Then read the poems aloud. Mark the boxes by #2 if rhyme, rhythm or both appear in the poem.*

3   *In the „Einfälle" (ideas) box by each poem, write notes about what occurs to you when you read that poem.*

Goethe – 168

elements of a poem – 166

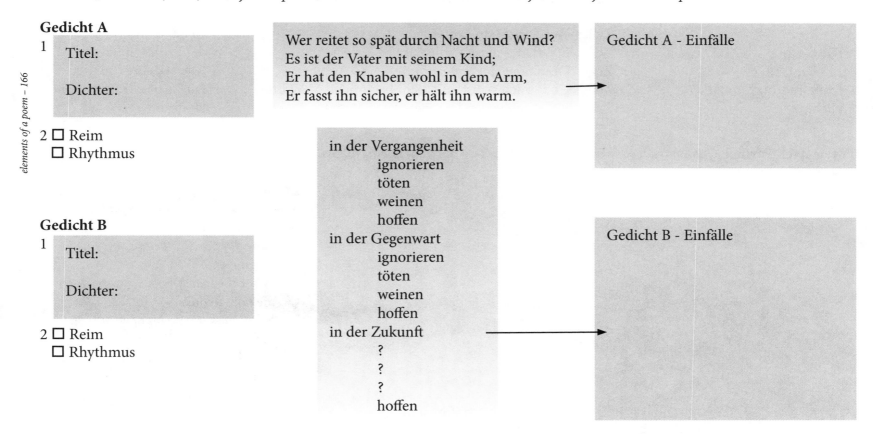

Gedicht A

1   Titel:

    Dichter:

2 ☐ Reim
   ☐ Rhythmus

Gedicht B

1   Titel:

    Dichter:

2 ☐ Reim
   ☐ Rhythmus

Wer reitet so spät durch Nacht und Wind?
Es ist der Vater mit seinem Kind;
Er hat den Knaben wohl in dem Arm,
Er fasst ihn sicher, er hält ihn warm.

Gedicht A - Einfälle

in der Vergangenheit
   ignorieren
   töten
   weinen
   hoffen
in der Gegenwart
   ignorieren
   töten
   weinen
   hoffen
in der Zukunft
   ?
   ?
   ?
   hoffen

Gedicht B - Einfälle

Gedicht C

1
Titel:

Dichter:

2 ☐ Reim
☐ Rhythmus

Gedicht D

1
Titel:

Dichter:

2 ☐ Reim
☐ Rhythmus

Was beschreibt der Dichter in diesem Gedicht?

Bin ich der, der ich glaub, dass er vor euch steht,
oder der, der so ist, so wie ihr ihn seht?
Bin ich der, der ich bin, wenn ich vor euch steh,
oder der, der ich bin, so wie ich mich seh?

Drei Brüder wohnen in einem Haus,
die sehen wahrhaftig verschieden aus,
doch willst du sie unterscheiden,
gleicht jeder den anderen beiden.
Der erste ist *nicht* da, er kommt erst nach Haus.
Der zweite ist *nicht* da, er ging schon hinaus.
Nur der dritte ist da, der Kleinste der drei,
denn ohne ihn gäb's nicht die anderen zwei.
Und doch gibt's den dritten, um den es sich handelt,
nur weil sich der erste in den zweiten verwandelt.
Denn willst du ihn anschaun, so siehst du nur wieder
immer einen der anderen Brüder!
Nun sage mir: Sind die drei vielleicht einer?
Oder sind es nur zwei? Oder ist es gar – keiner?
Und kannst du, mein Kind, ihre Namen mir nennen,
so wirst du drei mächtige Herrscher erkennen.
Sie regieren gemeinsam ein großes Reich –
und sind es auch selbst! Darin sind sie gleich.

Gedicht C - Einfälle

Gedicht D - Einfälle

Kultur: Michael Ende (1929–1995) *is a well-known children's and youth author. His stories of curious, adventurous children such as* Jim Knopf *and* Momo *have become classics. Best-known of his works in the USA is his filmed novel* The Neverending Story (Die unendliche Geschichte). *His poem here comes from the book* Momo, *a youth novel that critiques modernity and its preoccupation with time and productivity.*

🗣 **Vergleiche und Metaphern** *Poetry can convey a lot in few words and can often be understood at multiple levels.*
Work with a partner to write examples of two poetic tools, similes and metaphors. Write two examples of each in English and then use the sentence builder below to write three or more examples of each in German.

Poetic Tools poetische Hilfsmittel	der Vergleich, die Vergleiche – *a figure of speech comparing two unlike things that is often introduced by "like" or "as." For example: Busy as a bee.*	die Metapher, die Metaphern – *a figure of speech in which a word or phrase literally denoting one kind of object or idea is used in place of another to indicate a likeness or analogy between them. For example: She is a vulture.*
English examples Beispiele auf Englisch		
German examples Beispiele auf Deutsch		

making comparisons – 10, 162, 173

metaphors – 161, 169

Vergleiche					Metaphern		
noun + to be +	**so**	***adjective***	**wie**	***+ noun***	***noun + to be***		***+ noun***
Greta ist	so	schön	wie	Tulpen im Frühling.	Du	bist	mein Licht.
Greta is	*as*	*beautiful*	*as*	*tulips in spring.*	*You*	*are*	*my light.*
noun + to be +		**wie**		***+ noun***	***noun + to be***	***+ optional dative object +***	***noun***
Sein Zweifel ist		wie		eine Schlinge.	Der Wald ist	(mir)	ein magisch**er** Spielplatz. (m)
His doubt is		*like*		*a noose.*			ein geheim**es** Königreich. (n)
	action +		**wie + noun / adjective**				eine verloren**e** Liebe. (f)
Der Winter	kam		wie	ein Dieb.			
Winter	*came*		*like*	*a thief.*	*The forest is*		*a magical playground (to me).*

Kreative Vorarbeit Wählen Sie ein Thema für Ihr Gedicht und füllen Sie dieses Schema aus!

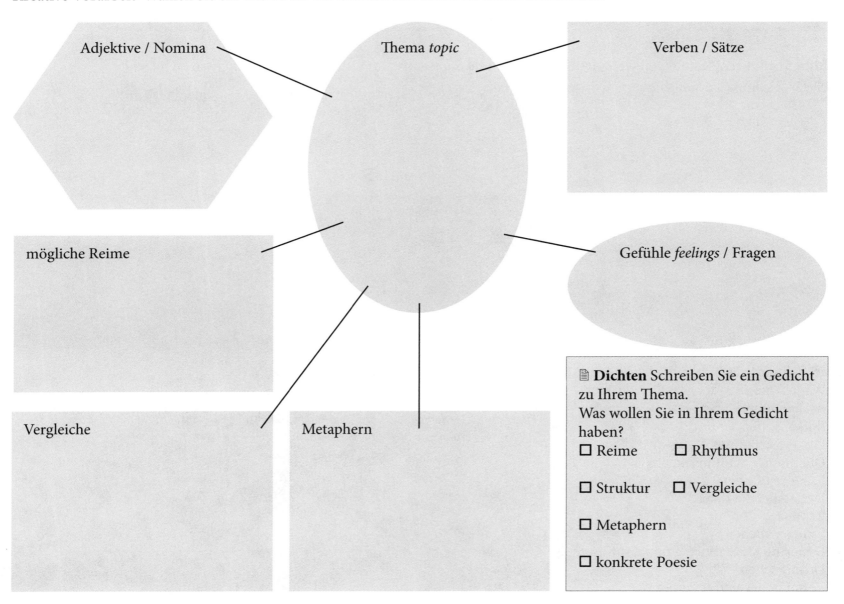

6B: Märchen

describing people – ch. 1, 3, 52, 130, 143, 173   adjective endings – 56, 130, 143, 163

Märchenfiguren Kombinieren Sie Artikel, Adjektiv und Substantiv, um Listen von Märchenfiguren zu bilden!

| der das die | schöne >< häßliche <br> arme >< reiche <br> kluge >< dumme <br> alte >< junge <br> bösartige >< gutherzige <br> fleißige >< faule <br> treue >< untreue <br> freche >< brave <br> glückliche >< traurige <br> armselige >< prächtige <br> verwunschene <br> verliebte | Prinz / Prinzessin
 König / Königin
 Bursche (m)/ Mädchen (n)

 Stiefvater / Stiefmutter
 Sohn / Tochter
 Zauberer / Zauberin (Hexe)
 Frosch (m)
 Drache (m)
 Fisch (m)
 Vogel (m)
 Kätzchen (n)
 Pferd (n) | **Protagonist/in**   **Antagonist/in**
 der treue Bursche   *die faule Tochter* |
| die | [Adjektiv]+en | [Nomina im Plural] | |

Bekannte Märchen Welche dieser Märchen kennen Sie? Wie heißen sie auf Englisch?
Wählen Sie zwei der Märchen aus und beschreiben Sie die Figuren!

Aschenputtel
Rotkäppchen
Der Froschkönig
Die Bremer Stadtmusikanten
Rumpelstilzchen
Der gestiefelte Kater
Rapunzel
Schneewittchen
Der arme Müllerbursch und das Kätzchen
Dornröschen
Vom Fischer und seiner Frau

Figuren in „Müllerbursch": der arme, treue Bursche, die verwunschene Prinzessin, das gutherzige Kätzchen, die klugen Müllerburschen, der arme Müller

Die moderne Welt und die fantastische Märchenwelt Wo gehören diese Vokabeln hin? Tragen Sie die Wörter unten in die passende Liste ein! Einige können vielleicht auf beiden Listen stehen.

fantastische Welt

die Pistole das Schwert das Messer die Axt die Säge
sword *axe* *saw*

das Schloss das Häuschen die Hütte die Mühle die Wohnung
hut, cottage *mill*

das Büro der Wald die Wiese die Uni das Dorf
forest *field*

moderne Welt

Merkmale eines Märchens Bearbeiten Sie weiter zwei ausgewählte Märchen von der gegenüberliegenden Seite! Ergänzen Sie die Tabelle, um zu sehen, wie typisch das Märchen ist!

	Müllerbursche	1. Märchen	2. Märchen
fantastische Welt *fantastical world*	Ja. Magisches Schloss, das verwunschene Kätzchen		
magische Mittel *magical elements*	Ja. Das Kätzchen kann zaubern.		
wiederholte Ereignisse *repeated events*	Der Bursche muss dreimal etwas für das Kätzchen tun.		
Reime *rhymes*	Nein.		
ein Happy End oder ein gerechtes Ende	Happy End. Das Kätzchen ist eine Prinzessin. Sie heiratet den armen Burschen.		

fairy tale elements – 124, 171, 172, 174

Teile eines Märchens *Many fairy tales share these elements. Number the elements on the left 1–6 indicating the order in which they typically appear. Then match each element to one of the phrases in the far right column.*

Elemente eines Märchens	Phrasen
____ Der Protagonist muss fortgehen *The Protagonist has to leave home*	____ Und wenn sie nicht gestorben sind, dann leben sie noch heute.
____ Das Happy End	____ Auf einmal begegnete ihm ein kleines buntes Kätzchen.
1 Die Figuren werden vorgestellt *The figures are introduced*	*1* Es war einmal ein armer Müller, der hatte weder Frau noch Kind. Drei Müllerburschen dienten ihm.
____ Der Konflikt wird beschrieben *The conflict is described*	____ „Zieht hinaus in die Welt, und wer mir das beste Pferd nach Hause bringt, dem will ich die Mühle geben und er soll mich dafür bis zu meinem Tod verpflegen."
____ Der Protagonist wird auf die Probe gestellt *The protagonist is tested*	____ Der dritte von den Burschen war der Kleinknecht. Er wurde von den anderen für dumm gehalten, und sie gönnten ihm die Mühle nicht.
____ Ein Helfer oder zweiter Protagonist erscheint *A helper or second protagonist appears*	____ „Komm mit mir und sei sieben Jahre lang mein treuer Knecht, dann will ich dir ein Pferd geben, das schöner ist, als du jemals eines gesehen hast."

🐾 **Der Anfang** Lesen Sie den Anfang dieses Märchens! Welche der Elemente oben finden Sie schon in diesen ersten Zeilen? Was bedeuten die unterstrichenen Phrasen?

Kultur: *Grimm Tales* *The Grimm Brothers' fairy tales often differ from American versions. For example, in Aschenputtel the stepsisters cut off their toes and heels to fit into the slipper, and on Cinderella's wedding day, doves peck out their eyes.*

Es war einmal ein Mann und eine Frau, die wünschten sich schon lange vergeblich ein Kind, endlich machte sich die Frau Hoffnung, der liebe Gott werde ihren Wunsch erfüllen. Die Leute hatten in ihrem Hinterhaus ein kleines Fenster, daraus konnte man in einen prächtigen Garten sehen, der voll mit den schönsten Blumen und Kräutern stand; er war aber von einer hohen Mauer umgeben, und niemand wagte hineinzugehen, weil er einer Zauberin gehörte, die große Macht hatte und von aller Welt gefürchtet war. Eines Tages stand die Frau an diesem Fenster und sah in den Garten hinab. Da erblickte sie ein Beet, das mit den schönsten Rapunzeln bepflanzt war, und sie sahen so frisch und grün aus, daß sie lüstern wurde und das größte Verlangen empfand, von den Rapunzeln zu essen.

Das Ende Hier sind die letzten Zeilen von einigen Märchen der Brüder Grimm. Stellen sie ein Happy End oder ein gerechtes Ende dar? Geben Sie diese Zeilen auf Englisch wieder.

Und wenn sie nicht gestorben sind, dann leben sie noch heute.   *Happy End*

And if they haven't died, then they're still alive today. (And they lived happily ever after.)

Da musste sie in die rotglühenden Schuhe treten und so lange tanzen, bis sie tot zur Erde fiel.

Und sie lebten noch lange glücklich und vergnügt.

Dann hielten sie Hochzeit, und Hans war nun reich, so reich, dass er für sein Lebtag genug hatte.

Und sie waren also für ihre Bosheit und Falschheit mit Blindheit auf ihr Lebtag bestraft.

🐈 **Der arme Müllerbursch und das Kätzchen** Finden Sie in diesen Zeilen die vorhandenen Elemente eines Märchens.
Strategien Vergleichen Sie den Anfang auf der gegenüberliegenden Seite mit diesem Anfang!

- Wer sind die Figuren?
- Was ist der Konflikt?
- Woher wissen Sie, dass diese Texte Märchen sind?

In einer Mühle lebte ein alter Müller, der hatte weder Frau noch Kinder. Drei Müllerburschen dienten bei ihm. Als sie nun etliche Jahre bei ihm gewesen waren, sagte der Müller eines Tages zu ihnen: „Ich bin alt und will mich hinter den Ofen setzen. Zieht hinaus in die Welt, und wer mir das beste Pferd nach Hause bringt, dem will ich die Mühle geben und er soll mich dafür bis zu meinem Tod verpflegen."

Der dritte von den Burschen war der Kleinknecht. Er wurde von den anderen für dumm gehalten, und sie gönnten ihm die Mühle nicht. Als nun alle drei miteinander auszogen, sagten die zwei älteren zu dem dummen Hans: „Du kannst doch gleich hierbleiben, du kriegst dein Lebtag kein Pferd!"

Märchen als Muster lesen Bearbeiten Sie das Märchen „Der arme Müllerbursch"! Beantworten Sie die Fragen zum Verständnis! Übersetzen Sie die farbigen Phrasen, die Sie vielleicht in Ihr Märchen einsetzen möchten!

„Der arme Müllerbursch" – 170

Wer sind die Hauptfiguren?

Wie wird Hans auf die Probe gestellt? Was muss er tun?

Wer erscheint?

Woher wissen wir, dass es hier um etwas Magisches geht?

Hier wird Hans wieder auf Probe gestellt. Was muss er nun tun und für wen?

Der arme Müllerbursch und das Kätzchen

In einer Mühle lebte ein alter Müller, der hatte weder Frau noch Kinder. Drei Müllerburschen dienten ihm. Als sie nun etliche Jahre bei ihm gewesen waren, sagte der Müller eines Tages zu ihnen: „Ich bin alt und will mich hinter den Ofen setzen. Zieht hinaus in die Welt, und wer mir das beste Pferd nach Hause bringt, dem will ich die Mühle geben und er soll mich dafür bis zu meinem Tod verpflegen".

Der dritte von den Burschen war der Kleinknecht. Er wurde von den anderen für dumm gehalten, und sie gönnten ihm die Mühle nicht. Als nun alle drei miteinander auszogen, sagten die zwei älteren zu dem dummen Hans: „Du kannst doch gleich hierbleiben, du kriegst dein Lebtag kein Pferd!"

Hans aber ging doch mit. Als es Nacht wurde, kamen sie zu einer Höhle und krochen hinein, um darin zu schlafen. Die zwei Klugen warteten, bis Hans eingeschlafen war, dann standen sie auf und gingen heimlich fort. Hänschen ließen sie liegen und meinten, es recht schlau gemacht zu haben. Aber es kam doch ganz anders, als sie dachten!

Als die Sonne kam und Hans erwachte, lag er in der tiefen Höhle. Er guckte sich überall um und rief – „Ach Gott, wo bin ich?" Schließlich erhob er sich, kroch aus der Höhle, ging in den Wald und dachte: „Ich bin nun ganz allein und verlassen – wie soll ich da zu einem Pferd kommen?"

Während er so in Gedanken dahinging, begegnete ihm auf einmal ein kleines buntes Kätzchen. Es sprach freundlich: „Hans, wo willst du hin?"

„Ach, du kannst mir doch nicht helfen", antwortete Hans.

„Ich kenne deinen Wunsch", sprach das Kätzchen, „du willst ein hübsches Pferd haben. Komm mit mir und sei sieben Jahre lang mein treuer Knecht, dann will ich dir ein Pferd geben, das schöner ist, als du jemals eines gesehen hast".

„Das ist eine wunderliche Katze", dachte Hans, „aber ich will doch sehen, ob es wahr ist, was sie sagt, und mit ihr gehen." Also nahm ihn die bunte Katze mit in ihr verwunschenes Schlösschen. Da waren lauter Kätzchen, die ihr dienten. Er musste auch für die Katze arbeiten und alle Tage Holz kleinmachen. Dazu kriegte er eine Axt aus Silber. Damit arbeitete er fleißig und blieb in dem verwunschenen Katzenschloss. Er hatte sein gutes Essen und Trinken, sah aber niemanden als die bunte Katze und ihr Gesinde.

Einmal sagte sie zu ihm: „Geh hin, mäh meine Wiese und breite das Gras zum Trocknen aus". Sie gab ihm eine silberne Sense, einen Wetzstein aus Gold und befahl ihm, auch alles wieder richtig abzuliefern. Hans ging hin und tat, was ihm geheißen war. Nachdem er die Arbeit beendet hatte, trug er Sense, Wetzstein und Heu nach Hause und fragte die Katze, ob sie ihm noch nicht seinen Lohn geben wollte, da die sieben Jahre nun um wären.

„Nein", sagte die Katze, „eine einzige Arbeit musst du mir vorher noch tun: Da ist Baumaterial aus Silber, eine Zimmeraxt, ein Winkeleisen und was sonst noch nötig ist, alles aus Silber. Damit sollst du mir nun ein kleines Häuschen bauen!" Da baute Hans dem Kätzchen ein hübsches Häuschen. Als er fertig war, sagte er, er hätte nun alles getan, sei aber noch immer zu keinem Pferd gekommen.

„Willst du vielleicht einmal meine Pferde sehen?" fragte die Katze darauf.

„Ja", sagte Hans. Da machte die Katze das Häuschen auf – da standen zwölf stolze Pferde, so glatt und blank, dass man sich darinnen spiegeln konnte. Dem Hans hüpfte bei diesem Anblick das Herz im Leibe. Nun gab ihm das Kätzchen noch zu essen und zu trinken, dann sprach es: „Geh nun heim, dein Pferd gebe ich dir aber nicht mit. In drei Tagen komme ich und bringe es dir nach!"

So machte sich Hans auf, und die Katze zeigte ihm den Weg zur Mühle. Sie hatte ihm aber nicht einmal ein neues Kleid gegeben, sondern er musste sein altes, lumpiges Gewand behalten, das er mitgebracht hatte und das ihm in den sieben Jahren überall zu kurz geworden war.

Als er nun heimkam, waren die beiden anderen Müllerburschen auch wieder da. Jeder von ihnen hatte ein Pferd mitgebracht, aber einer ein blindes, der andere ein lahmes. Sie fragten: „Nun, Hans, wo hast du denn dein Pferd?"

„In drei Tagen wird es nachkommen", antwortete Hans.

Da lachten sie und sagten: „Ja, du dummer Hans, wo willst du ein Pferd herkriegen! Das wird etwas Rechtes sein!"

Hans ging in die Stube. Der Müller aber sagte, er sollte nicht an den Tisch kommen, er wäre so zerrissen und zerlumpt, dass man sich mit ihm nur schämen müsste. Da gaben sie ihm ein bisschen Essen hinaus. Als sie abends schlafen gingen, wollten ihm die zwei anderen kein Bett geben. Er musste ins Gänseställchen kriechen und sich auf das harte Stroh legen. Als er wieder aufwachte, waren die drei Tage bereits herum, und es kam eine Kutsche angefahren mit sechs Pferden, die glänzten, dass es eine Freude war. Ein Bedienter brachte noch ein siebentes mit, das war für Hans, den armen Müllerburschen. Aus der Kutsche aber stieg eine schöne Königstochter. Das war niemand anderer, als das kleine bunte Kätzchen, dem der arme Hans sieben Jahre gedient hatte. Sie ging in die Mühle hinein und fragte den Müller, wo Hans, der Kleinknecht, wäre.

Beschreiben Sie Hans! Was macht er? Was für ein Mensch ist er?

Warum wird Hans von dem Kätzchen belohnt?

Welche Rolle spielt das Gewand (seine Kleidung)?

Was halten der Müller und die anderen Burschen von Hans und warum?

Was hält der Müller am Ende von Hans?

„Ach", sagte der Müller, „den können wir nicht in die Stube hereinlassen. Er ist so zerlumpt, dass er im Gänsestall liegen muss!"

Da sagte die Königstochter, sie sollten ihn gleich holen. Also holten sie ihn heraus, und er trat in seinem armseligen Gewand vor die Königstochter. Da packten die Bedienten prächtige Kleider aus, Hans musste sich waschen und anziehen, und als er fertig war, konnte kein König schöner aussehen als er. Darauf verlangte die Jungfrau die Pferde zu sehen, welche die anderen Mahlburschen mitgebracht hatten. Aber eines war blind, das andere lahm. Da ließ sie von ihren Knechten das siebente Pferd hereinführen. Als der Müller das sah, sagte er: „Ei der Tausend! So ein Pferd ist mir noch nicht auf den Hof gekommen!"

Was für ein Ende ist das?

„Das ist für Hans", sagte die Königstochter.

„Wenn das so ist, muss er die Mühle kriegen", sagte der Müller.

Die Königstochter aber sagte, er möge seine Mühle nur behalten. Und sie nahm ihren treuen Hans bei der Hand, setzte sich mit ihm in die Kutsche und fuhr mit ihm fort. Zuerst fuhren sie zu dem kleinen Häuschen, das er mit dem silbernen Werkzeug gebaut hatte. Da war es ein großes Schloss geworden, außen und innen von Gold und Silber. Dann hielten sie Hochzeit, und Hans war nun reich, so reich, dass er für sein Lebtag genug hatte.

🗪 Text Analyse
Analysieren Sie diese Aspekte des Märchens! Fassen Sie Ihre Gedanken zusammen.

die märchenhaften Elemente	der Konflikt / die Probe	die Lehre *lesson* / die Moral *moral*

Märchen schreiben

1. Schritt: *Brainstorm briefly about each of these creative writing possibilities. In what direction could you go with each?*

Create a new fairy tale.	*Retell a fairytale from a different perspective.*	*Rewrite a fairy tale but with a twist.*

2. Schritt: *Choose one of the above writing tasks. Fill in the planner below to get started.*

Hauptfiguren	Konflikt / Probe
Gibt es eine zweite wichtige Figur oder eine/n zweite/n Protagonisten/in?	magische / fantastische Elemente
	Ende / Lösung / Lehre

3. Schritt: *Draft your fairy tale, demonstrating your understanding of the fairy tale genre. You can do this by including the key elements and by fulfilling the expectations of that genre or by consciously subverting them. Refer back to the models and exercises in this unit for strategies and phrases. Use the questions below to help with proofreading and editing.*

☐ *Is the tale mostly in the simple past?*
☐ *Would some dialogue add interest?*

☐ *Are characters, setting and conflict introduced efficiently at the beginning?*
☐ *Do the actions of the characters, the type of test forced upon the protagonist and the ending reinforce your moral or create your desired effects?*

6C: Kurzgeschichte

describing people – ch. 1, 3, 52, 122, 143, 173

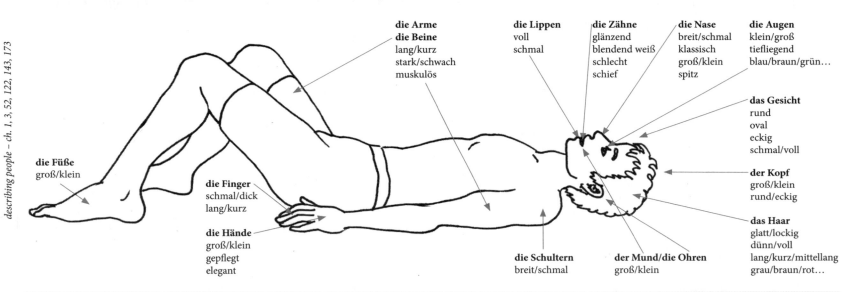

die Arme
die Beine
lang/kurz
stark/schwach
muskulös

die Lippen
voll
schmal

die Zähne
glänzend
blendend weiß
schlecht
schief

die Nase
breit/schmal
klassisch
groß/klein
spitz

die Augen
klein/groß
tiefliegend
blau/braun/grün…

das Gesicht
rund
oval
eckig
schmal/voll

die Füße
groß/klein

die Finger
schmal/dick
lang/kurz

die Hände
groß/klein
gepflegt
elegant

die Schultern
breit/schmal

der Mund/die Ohren
groß/klein

der Kopf
groß/klein
rund/eckig

das Haar
glatt/lockig
dünn/voll
lang/kurz/mittellang
grau/braun/rot…

adjective endings – 56, 143, 163

Sprachtipps: Adjektivendungen *Adjectives preceding nouns take endings. Follow these rules.*

1 Der-Wort + Adjektiv *If the adjective follows a definite article (*der, die, das *and the* Der-Wörter *like* dieser *or* jeder*), then the adjective ending is:*

-e *masculine, singular in the nominative*
der klein**e** Mann

feminine and neuter, singular in the nominative and accusative
die klein**e** Frau, das klein**e** Kind

-en *in all other* Der-Wort + Adjektiv *situations*

2 Ein-Wort + Adjektiv *If the adjective follows an indefinite article (*ein, kein *and the possessives like* mein *or* unser*) then the adjective ending is:*

-er *masculine, singular in the nominative*
ein klein**er** Mann

-es *neuter, singular in the nominative and accusative*
ein klein**es** Kind

-e *feminine, singular in the nominative and accusative*

In all other Ein-Wort + Adjektiv *situations, the endings follow the patterns in Rule 1.*

3 Kein Artikel + Adjektiv *If the adjective does not follow an article, then the adjective functions like an article and takes the same endings as the* Der-Wörter. *Compare:*
Dies**es** lockig**e** Haar finde ich schön.
Lockig**es** Haar finde ich schön.

Das Gesicht Schauen Sie sich das Gesicht unten an und finden Sie die Merkmale. Wenn Sie ein Wort nicht kennen, raten Sie einfach!

___ die Augenbrauen
___ die Brille
___ die Falten
___ das Grübchen
___ das Muttermal
___ die Narbe
___ die Nasenlöcher
___ der Schnurrbart
___ die Sommersprossen
___ die Wimpern

📄 Ein Außerirdischer!

Ein Außerirdischer *alien* ist auf Erden gelandet und Sie haben ihn gesehen! Beschreiben Sie ihn Ihrer Gruppe, damit sie eine Zeichnung für die Zeitung machen kann. Je fantastischer Ihre Beschreibung, desto besser! Benutzen Sie dabei die Körperteile und Adjektive von den letzten zwei Seiten. So können Sie anfangen:

Er hatte drei große, runde Köpfe. An jedem Kopf hatte er ein großes, gelbes Auge und einen kleinen Mund, aber keine Nase...

Merkmale einer Kurzgeschichte Was verbinden Sie schon mit einer Kurzgeschichte? Kreuzen Sie Ihre Assoziationen aus jeder Reihe an!

Eine Kurzgeschichte ist ☐ lang ☐ mittellang ☐ kurz

Die Figuren sind ☐ wenig (1–2) ☐ mehrere (3–5) ☐ viele (5+) ☐ komplex ☐ einfach (wie in Märchen)

Die Erzählung beinhaltet ☐ viele Beschreibungen ☐ lange Sätze ☐ detaillierte Beschreibungen ☐ wenige Worte

Die Welt der Geschichte ist ☐ realistisch ☐ fantasiereich, wie in Märchen ☐ idealistisch

Der Anfang ist ☐ langgezogen ☐ detailliert ☐ abrupt

Die Situationen sind ☐ außergewöhnlich ☐ unrealistisch ☐ alltäglich ☐ langweilig ☐ konfliktreich

Die Handlung

Der Anfang
Eine Kurzgeschichte fängt oft **abrupt** an, als ob man mitten in einer Fernsehsendung eingeschaltet hätte. Man könnte die Kurzgeschichte als eine **Momentaufnahme** *snapshot* beschreiben.

→

Die Erzählung
Mit wenig Worten wird viel gesagt, oft durch **Metaphern** und **Symbole**. Dialoge sind eher knapp und pointiert. Die Situationen sind in der Regel realistisch und alltäglich, wenn auch konfliktreich.

→

Das Ende
Es gibt einen **Höhepunkt** oder noch häufiger einen **Wendepunkt** oder eine **Pointe.** Oft kommt die Pointe, wenn die Leser am Ende etwas Wichtiges erfahren, was vorher nicht klar war. Dadurch bekommt die Geschichte eine neue Bedeutung.

elements of a short story – 136, 176

Eine Kurzgeschichte lesen

🔊 **Vor dem Lesen** Besprechen Sie diese Fragen in Gruppen!

1 Wie sieht eine typische Traumfrau oder ein typischer Traummann aus? Benutzen Sie die Vokabeln auf den letzten Seiten und lassen Sie Ihrer Phantasie freien Lauf!
2 Wie fühlt man sich, wenn man die Traumfrau oder den Traummann sieht? (aufgeregt, unkonzentriert, nervös, neidisch…)
3 Wie fühlt man sich, wenn die Traumfrau/der Traummann unerreichbar ist? (deprimiert, verzweifelt…)

Während des Lesens

1 Unterstreichen Sie die Stellen im Text, wo das Aussehen von Britta und Peter beschrieben wird.
2 Es gibt in dieser Kurzgeschichte einen Wendepunkt, wo Sie als Leser/in plötzlich etwas Wichtiges erfahren. Markieren Sie die Stelle im Text!

„Die Traumfrau" – 177–79, 181–83

Die Traumfrau   von Susanna Piontek

Britta war seine absolute Traumfrau. Jedes Mal, wenn Peter an sie dachte – und das kam häufig vor – durchzuckte es ihn wie ein Blitz, und ein warmes Kribbeln strömte durch seinen Körper.

Vergeblich versuchte Peter, sich auf seine Arbeit zu konzentrieren. In zwei Tagen musste der Bericht abgegeben werden. Trotz des Zeitdrucks konnte Peter nicht verhindern, dass seine Gedanken abschweiften. Es würde alles nichts helfen. Wie schon so oft in der Vergangenheit, waren wohl wieder einmal Überstunden angesagt. Er seufzte lächelnd und gestattete sich noch einmal zu träumen, bevor er sich mit der ihm größtmöglichen Disziplin wieder seinen Papieren zuwandte.

Britta war eine großartige Frau, und Peter hatte das Gefühl, dass sie sich dessen durchaus bewusst war. Eine rötlich-braune Lockenmähne umspielte ihr schmales Gesicht. Die Augen unter den langen dichten Wimpern sprühten grüne Funken. Ihre Augenbrauen erinnerten Peter an die dunkle Farbe von Tannenhonig und waren ständig in Bewegung. Wie das Schwingen eines Vogels, der unschlüssig ist, wo er landen soll. Die schmale Nase war übersät mit vorwitzigen Sommersprossen. Britta hatte einen ausgesprochenen Kussmund mit vollen schimmernden Lippen, und wenn sie beim Lächeln ihre makellosen Zähne zeigte, musste Peter sich beherrschen, sie nicht an sich zu reißen. Sie war hochgewachsen und schlank, mit Kurven an den richtigen Stellen. Ihr Parfüm war unaufdringlich und intensiv gleichzeitig und wehte wie ein durchsichtiger Mantel um ihre elegante Erscheinung. Als Peter sie vor neun Jahren zum ersten Mal gesehen hatte, verschlug es ihm förmlich den Atem, und er spürte augenblicklich, dass er diese Frau liebte, sie immer lieben würde. Mit Entsetzen registrierte er damals,

3 Was erfahren wir über Britta? Was für eine Frau ist sie?

dass ein schlichter Ehering den Ringfinger ihrer rechten Hand verunstaltete. Dies stürzte ihn augenblicklich in tiefste Verzweiflung. Er hörte kaum noch, was sie sagte und kam erst wieder zu sich, als sie ihm lächelnd die beringte Hand reichte. Ihre kühlen, schlanken Finger zu spüren, war beinahe zu viel für Peter. Er hielt Brittas Hand einen Moment länger als angebracht und drückte sie voller Zärtlichkeit. Erstaunt und irritiert entzog sie ihm die Hand und wandte sich dann lächelnd den anderen zu.

Peter folgte ihr mit seinen Blicken und gab sich ganz dem Schmerz seiner Phantasie hin. Er stellte sich vor, wie sie ihre Arme um den Hals eines gutaussehenden Mannes – ihres Mannes – schlang, der ihren mädchenhaften Körper mit einer besitzergreifenden Geste an sich zog. Er stellte sich vor, dass sie beim Küssen die schönen grünen Augen schloss, während der Mann seine Hände in ihrer Haarpracht vergrub.

„Herr Schmitz?" Ihre sanfte Stimme beendete seine quälenden Gedanken.

„Ja, … ja, natürlich", antwortete Peter zerstreut.

Sein Blick wanderte zu ihren nackten Unterarmen. Noch nie hatte er so vollkommene Unterarme gesehen wie die ihren. Unter der alabasterfarbenen Haut zeichneten sich ihre Adern ab. Nicht blau, wie bei ihm oder anderen gewöhnlichen Menschen, sondern türkisfarben wie eine zarte Malerei auf einer wertvollen Leinwand.

Mehr als alles Andere wünschte Peter sich, er könne Britta allein sehen, ohne all diese Menschen um sie herum. Er malte sich aus, wie er nach ihrer, diesmal unberingten Hand greifen und sie zu seinen Lippen führen würde. Ihr Gesicht würde er dabei keine Sekunde aus den Augen lassen, und die Liebe, die in ihren smaragdfarbenen Augen leuchten würde, gälte nur ihm allein.

Die Realität war anders. In diesen neun Jahren war er ihr genau fünfmal begegnet. Jedes Mal fieberte er ihrem Wiedersehen entgegen und konnte schon einige Nächte vorher nicht mehr richtig schlafen. Wenn er sie dann endlich erblickte, ihre Hand schüttelte und mit ihr redete, musste er bekümmert feststellen, dass sie ihm anscheinend nur berufliches Interesse entgegenbrachte. Ihre Freundlichkeit hatte etwas Unverbindliches, er konnte sich auf ihre Worte nichts einbilden, galten sie doch den anderen genauso wie ihm.

In ihrer Gegenwart war Peter befangen. Wie gern hätte er mal einige private Worte mit ihr gewechselt, ihr ein Kompliment gemacht und sie zum Essen eingeladen. Aber wenn er sie, ihren Ehering und die anderen Menschen sah, verließ ihn der Mut, und er verwünschte seine Schüchternheit. Nichts fürchtete er mehr, als sich einen Korb zu holen.

Gekränkt und hilflos sah er, wie locker sich Christoph mit Britta unterhielt. Christoph war nicht nur

4 Wovon träumt Peter, wenn er Britta sieht?

5 Wie unterscheidet sich Peters Traum von der Realität?

sein Arbeitskollege, sondern auch ein guter Freund. Trotzdem – mit dieser unglücklichen Liebe wagte es Peter nicht, sich ihm anzuvertrauen.

Obwohl er nicht halb so gut aussah wie Peter, war Christoph sehr viel selbstbewusster und mutiger. Seit fast drei Jahren war er jetzt mit seiner Klara zusammen und glücklich. Demnächst wollten sie heiraten. Peter sollte Trauzeuge sein und hatte dafür extra seinen Urlaub verschoben.

Als der Termin näher rückte, an dem Peter seine Traumfrau wiedersehen würde, wurde er zunehmend nervöser. Das letzte Mal hatte er sie vor eineinhalb Jahren gesehen, und die Zeit war ihm endlos erschienen. Diesmal, das spürte er, würde alles anders sein. Es war wie eine Vorahnung. Etwas würde geschehen. Etwas Wunderbares. Peter konnte den Tag kaum erwarten. Seine Nervosität steigerte sich von Stunde zu Stunde. Wie würde sie aussehen? Würde sie sich verändert haben? Nein, an dieser Frau schien die Zeit spurlos vorüberzugehen.

6 Was wird geschehen, wenn Peter seine Traumfrau dieses Mal sieht?

Als er sich am Morgen des für ihn so bedeutsamen Tages die Krawatte band, warf er einen letzten Blick in den Spiegel und war zufrieden mit dem Anblick: groß, muskulös, mit dichtem blondem Haar und braunen warmen Augen hinter einer goldgerahmten Brille. Die Jacketkronen waren eine gute Investition gewesen, und das pfenniggroße Muttermal auf seiner linken Wange gab seinem attraktiven Gesicht einen eigentümlichen Reiz.

Peter kam gut an bei den Frauen, obwohl nie er es war, der die Initiative ergriff. Die Frauen gingen auf ihn zu, waren entzückt von seiner Schüchternheit, die in so starkem Kontrast zu seinem Aussehen stand und erfreuten sich daran, ihn zu erobern.

7 Was erfahren wir in diesem Absatz über Peter?

Eine Stunde später war es soweit. Als er den Raum betrat, war Britta schon da, und wie immer stockte ihm der Atem bei ihrem Anblick. Ihr Haar war etwas kürzer, und sie hatte abgenommen. Und dann sah er es: Er konnte es kaum fassen und vergewisserte sich durch einen zweiten Blick, dass er sich nicht geirrt hatte.

Sie trug keinen Ehering mehr.

Ihre rechte Hand war vollkommen nackt. Einzig ein blasser Schimmer an ihrem Finger ließ erahnen, dass dort vor kurzem ein Ring getragen worden war. Britta erschien Peter so schön wie noch nie. Heute, das wusste er jetzt mit Sicherheit, heute würde er sie fragen, selbst auf die Gefahr hin, vor Aufregung einen Herzinfarkt zu bekommen oder, was noch schlimmer wäre, sich eine Abfuhr zu holen. Er würde warten, bis alles vorbei wäre und es dann so einrichten, dass er allein mit ihr reden konnte. Es musste einfach klappen. Peter hatte das Gefühl, dass Britta ihn anders ansah als sonst, aber er war sich nicht

8 Was erfahren wir in diesem Absatz über Britta?

sicher, ob ihm nicht seine Phantasie nur einen Streich spielte.

Diesmal wechselte sie erst einige Worte mit Christoph, bevor sie zu ihm kam und ihm lächelnd die Hand entgegenstreckte. Peter nahm seinen ganzen Mut zusammen.

„Frau Engelhardt", sagte er mit erstickter Stimme, während er ihre Hand festhielt, „wenn hier alles vorbei ist, hätten Sie dann einen Moment Zeit für mich?"

So, jetzt war es heraus. Nun gab es kein Zurück mehr, und Peter wagte kaum, ihr in die Augen zu sehen.

„Ja, Herr Schmitz. Bleiben Sie nachher einfach noch hier."

Peter wollte etwas sagen, brachte aber nur ein hilfloses Lächeln zustande. Seine Kehle war wie zugeschnürt. Zwanzig Minuten später verließen die anderen nach und nach den Raum. An der Tür drehte Christoph sich um und sah Peter fragend an. „Kommst du?"

„Gleich, Christoph, ich komme gleich." Peters Kehle war trocken, und er beobachtete, wie Britta ihren Füllfederhalter schloss und die Dokumentenmappe zuklappte. Dann schaute sie ihn lächelnd an.

„Frau Engelhardt", keuchte Peter und schluckte. „Kann ich Sie, ich meine, würden Sie…" Peter stockte und fuhr sich mit der Zunge über die trockenen Lippen. „Frau Engelhardt." Peter ging einen Schritt auf sie zu, und mit einer für ihn beinahe tollkühnen Geste griff er nach ihrer Hand. „Darf ich Sie zum Essen einladen?"

Britta Engelhardt schaute ihn nachdenklich und gleichzeitig amüsiert an. Ihre Hand ruhte immer noch in seiner, und sie entzog sie ihm nicht.

„Herr Schmitz, wie oft haben wir uns nun schon gesehen?" Sie lächelte.

„Heute das sechste Mal in neun Jahren", antwortete Peter. „Aber heute ist alles anders."

„Stimmt", sagte die schöne Standesbeamtin immer noch lächelnd. „Heute waren Sie mal der Trauzeuge und nicht der Bräutigam. Was würden Sie an meiner Stelle tun? Schließlich sind Sie ein Blaubart", sagte sie mit gespielter Strenge. „Ich muss es wissen. Immerhin war ich es, die Sie fünfmal verheiratet hat."

„Sie haben Recht", seufzte Peter. „Aber ich habe es nur getan, weil…"

Peter stockte und suchte nach den richtigen Worten.

„Sie brauchen mir nichts zu erklären", lächelte Britta. „Ich habe verstanden. Und ich nehme Ihre Einladung an." Sie zögerte. „Und was alles andere angeht – lassen Sie mir noch etwas Zeit."

Peters Strahlen schien den Raum zu erhellen. „Jetzt habe ich neun Jahre gewartet", flüsterte er glücklich, „da kann ich auch noch ein bißchen länger warten."

9 Was ist Britta von Beruf? Woher kennt sie Peter?

10 Wie oft war Peter schon verheiratet?

„Die Traumfrau": Eine typische Kurzgeschichte?

Merkmale einer Kurzgeschichte	Ja / Nein?	Fragen zum Text	Ihre Antwort
Ist der Anfang abrupt?		Womit beginnt die Geschichte?	
Gibt es wenige Figuren?		Wer sind die Haupt- und Nebenfiguren?	
Ist die Welt der Geschichte realistisch? Sind die Situationen alltäglich?		Suchen Sie Beispiele aus dem Text aus, die diesen Aspekt der Geschichte zeigen!	
Gibt es am Ende einen Wendepunkt?		Wie ändert sich am Ende unsere Vorstellung von Peter und seiner „Traumfrau"?	

🗩 Wer ist Peter Schmitz? Diskutieren Sie über diese Fragen in Gruppen!

• In der Mitte der Geschichte lesen wir über Peter: „Peter kam gut an bei den Frauen, obwohl nie er es war, der die Initiative ergriff". Die Frauen sind „entzückt von seiner Schüchternheit" und sind froh „ihn zu erobern". Was bedeutet in diesem Zusammenhang das Verb „erobern"?

• Am Ende sagt Britta, dass Peter „ein Blaubart" ist. Was oder wer ist ein „Blaubart"?

• Was halten Sie von Peter? Ist er ein schüchterner Mensch oder ein Blaubart?

• Wenn Sie an Brittas Stelle wären, würden Sie mit Peter ausgehen? Warum oder warum nicht?

• In Liebesgeschichten bekommt der Held immer seine Traumfrau. Wie wird es in dieser Geschichte weitergehen? Gibt es für Peter und Britta ein „Happy End"?

Wortschatz: „Sagen" anders sagen Am Ende von „Die Traumfrau" spricht Peter endlich mit Britta. Die Autorin verwendet verschiedene Verben, um zu zeigen, **wie** Peter und Britta sprechen und was sie vielleicht dabei empfinden. Kreisen Sie die Verben in der Tabelle (unten) ein, die in der Geschichte vorkommen.

SAGEN – NEUTRAL	SAGEN – NEGATIV	SAGEN – MIT GEFÜHL	FRAGEN
sagen *to say* erklären *to explain* hinzu•fügen *to add* fort•fahren *to continue* meinen *to say* fest•stellen *to discover, determine* bemerken *to remark* wiederholen *to repeat* vor•schlagen *to suggest* berichten *to report*	ein•wenden *to object* widersprechen *to contradict* klagen *to complain* **SAGEN – LAUT UND LEISE** schreien *to yell* rufen *to call* brüllen *to roar* murmeln *to murmur* flüstern *to whisper*	kichern *to giggle* maulen *to moan* schimpfen *to scold* fluchen *to curse* heulen *to cry* seufzen *to sigh* murren *to mutter* keuchen *to gasp*	fragen *to ask* sich erkundigen *to inquire* wissen wollen *to want to know* **ANTWORTEN** antworten *to answer* entgegnen *to reply, counter* erwidern *to reply*

Schauspieler werden Wählen Sie ein Verb aus den Listen „Sagen – Laut und leise" oder „Sagen – mit Gefühl". Formulieren Sie einen Satz (wie z.B. „Ich bin außerordentlich intelligent") und sagen Sie dann Ihren Satz im Stil des gewählten Verbes. Zum Beispiel, wenn Sie „flüstern" wählen, sagen Sie den Satz **sehr** leise! Ihre Gruppe sollte raten, welches Verb Sie gewählt haben. Danach ist der/die nächste dran!

Verben Welche Verben aus der Tabelle passen am besten zu diesen Aussagen? Ergänzen Sie die Aussagen mit einem passenden Verb und Subjekt.   „Ach, das ist aber schade!" *seufzte Peter.*

a „Das finde ich aber total unfair!"

b „Und noch etwas wollte ich sagen …"

c „Ich habe eine Idee. Wie wäre es, wenn wir …"

d „Du bist schon wieder zu spät gekommen!"

e „Mama, das tut weh!"

f „Ach, nein, nein, nein!!"

g „Das ist aber lustig!"

Kultur: Das Standesamt ist der Ort, wo man in Deutschland die Zivilehe schließt. Ein Standesbeamter/eine Standesbeamtin traut die Braut und den Bräutigam vor den Trauzeugen und hält bei der Eheschließung meistens eine kurze Ansprache. Im Gegensatz zu den USA muss man in Deutschland, auch wenn man kirchlich heiraten will, beim Standesamt die Zivilehe schließen.

Sprachtipps: Wortstellung

As you know, in German the conjugated verb takes second position in main clauses.

Subject	Verb	
Britta	war	eine großartige Frau.
Peter	konnte	den Tag kaum erwarten.

Entire subordinating clauses can also take first position in the sentence; they are then followed by the verb and subject of the main clause.

Subordinating clause	Verb	Subject	
Als er den Raum betrat,	war	Britta	schon da.

Adverbs or prepositional phrases may take first position instead of the subject, but the conjugated verb remains in second position. Here the subject follows the verb.

Prepositional phrase	Verb	Subject	
In diesen neun Jahren	war	er	ihr genau fünfmal begegnet.

When dialogue is included in a text, the spoken statement often takes first position in the sentence, followed by the verb and subject.

Spoken statement	Verb	Subject
„Jetzt habe ich neun Jahre gewartet",	flüsterte	er.

Note: *The spoken statement and the main clause with the verb are separated by a comma. In German, commas are set* **outside** *of quotation marks.*

Übung Stellen Sie sich ein Gespräch zwischen Britta und ihrer Freundin Lisa vor. Unten steht der Anfang eines Dialogs. Schreiben Sie den Dialog zu Ende und dann als Teil einer Kurzgeschichte mit Verben aus der Liste **„Sagen" anders sagen.** Achten Sie auf die Wortstellung.

Lisa: Wie war denn dein Abend mit Peter?

Britta: Ach, …ich weiss nicht.

Lisa: Was habt ihr eigentlich gemacht?

Britta: Wir waren beim Italiener. Und … nach dem Essen hat er mich gefragt, ob ich ihn heiraten will.

Lisa: Was?! Meint er das wirklich? Das ist doch verrückt!

Britta:

Lisa:

Sie saßen im Cafe. „Wie war denn dein Abend mit Peter?" wollte Lisa wissen.

🗎 Eine Kurzgeschichte

1. Schritt: Eine Hauptfigur entwerfen „Die Traumfrau" handelt von einem Mann, der am Ende anders ist, als man denkt. Versuchen Sie, für Ihre eigene Kurzgeschichte eine Hauptfigur zu entwerfen, die auch anders ist als man erwartet. Die folgenden Fragen könnten Ihnen dabei helfen:

- Wer ist die Hauptfigur? Ein Mann oder eine Frau? Alt oder jung? Verheiratet oder ledig?
- Wie sieht sie aus? Was sagt das Aussehen über ihre Persönlichkeit aus?
- Wie lebt sie? Was ist sie von Beruf?
- Hat sie eine Familie? Freunde? Geschwister? Kollegen?
- Wie wird sie von anderen gesehen und wie sieht sie sich selbst?
- Hat sie ein Geheimnis? Was ist ihr Ziel im Leben?

2. Schritt: Die Handlung skizzieren Nachdem Sie eine Vorstellung von Ihrer Hauptfigur haben, überlegen Sie sich, was in der Geschichte passiert.

- Wann und wo fängt die Geschichte an? Vergessen Sie nicht, dass der Anfang einer Kurzgeschichte **abrupt** sein sollte.
- In einer Kurzgeschichte geht es meistens um eine alltägliche Situation. In welcher Situation befindet sich die Hauptfigur?
- Was macht die Hauptfigur? Wem begegnet sie? Wie geht sie mit anderen Menschen um?
- Am Ende erfahren die Leser etwas über die Hauptfigur und haben auf einmal eine neue Vorstellung von ihr. Was erfahren sie?

3. Schritt: Erzählweise und Dialoge Wie wird die Handlung erzählt? Erzählt die Hauptfigur die Geschichte selbst (Ich-Erzähler) oder gibt es einen Er-Erzähler? Vergessen Sie nicht, Dialoge zu schreiben—Dialoge machen die Geschichte lebendiger und interessanter, weil die Figuren „selbst" sprechen. Verwenden Sie dabei Verben aus der Liste **„Sagen" anders sagen!**

4. Schritt: Checkliste Wenn Sie fertig sind, lesen Sie Ihre Kurzgeschichte nochmal durch. Können Sie alle Fragen in der folgenden Checkliste mit „Ja" beantworten? Wenn nicht, ist Ihre Geschichte noch nicht fertig!

- Gibt der Titel den Lesern eine Vorstellung von den Hauptthemen der Erzählung, ohne zu viel zu verraten?
- Weckt der Anfang das Interesse der Leser?
- Haben Sie die Figuren in der Geschichte lebendig gemacht durch eine Beschreibung des Aussehens?
- Haben Sie interessante Dialoge geschrieben, die die Handlung vorantreiben? Haben Sie verschiedene Verben verwendet, die zeigen, **wie** die Figuren sprechen?
- Gibt es am Ende einen effektiven Wendepunkt oder eine gute Pointe?

Zwischenspiel: *Writing Levels*

What level are you at: Grundstufe *basic,* Mittelstufe *intermediate, or* Oberstufe *advanced? Inside the model-based, process-oriented, and genre-focused writing program of this book, these three levels are characterized by the following abilities.*

✓ *Check the items that you have very good command of. (You do it correctly 90% of the time.)*
◯ *Circle the items you are working on now. (You've got the basics, but make mistakes.)*
Highlight your goals for the near future.

	Grundstufe	Mittelstufe	Oberstufe
sentences	☐ *Can consistently create [Subject + Verb + other] sentences, including modal verb sentences.* ☐ *Can produce [other + Verb + Subject] sentences with some guidance.* ☐ *Can use all coordinating conjunctions appropriately:* aber, denn, oder, sondern, und.	☐ *Consistently create [other + Verb + Subject] sentences.* ☐ *Can use some subordinating conjunctions, e.g.,* als, weil, dass, wenn *with correct word order.* ☐ *Can use* zu *and* um…zu *constructions.*	☐ *Can consistently create* wenn-dann *constructions.* ☐ *Can regularly use multiple-clause sentences with correct word order.* ☐ *Can use many subordinating conjunctions, e.g.,* obwohl, damit, bevor, nachdem. ☐ *Can use several causal connectors.*
verbs	☐ *Can produce appropriate present tense verb forms consistently, including stem-changing, modal, separable prefix and irregular verbs.*	☐ *Can produce appropriate conversational past forms consistently* ☐ *Can consistently use several verbs in the simple past, e.g.,* sein, haben, *modal verbs,* gehen, kommen.	☐ *Can use simple past very well.* ☐ *Can recognize and can produce with guidance several subjunctive forms (hypothetical situations, polite requests, indirect speech).* ☐ *Can use passive voice when appropriate.*
nouns and noun phrases	☐ *Can use appropriate genders for many nouns and many plural forms.* ☐ *Can use nominative, accusative and some dative articles as appropriate.*	☐ *Can use dative and some genitive when appropriate.* ☐ *Can use many prepositional phrases correctly.*	☐ *Can produce appropriate adjective endings.* ☐ *Can use some* Da- *and* Wo-constructions. ☐ *Can use some verbs with prepositional complements.* ☐ *Can use relative pronouns well.*
writing models	☐ *Can make good use of sentence models and some paragraph models, with assistance.* ☐ *Can effectively substitute single words and some verbs.*	☐ *Can make good use of paragraph models and some text models.* ☐ *Can effectively substitute noun and verb phrases.*	☐ *Can make good use of complex, authentic models to write sentences, paragraphs, and complete texts.* ☐ *Can effectively substitute longer text sections as appropriate.*

7

Filme interpretieren • *Interpreting Films*

7A: Bildgeschichte   **7B: Inhaltsangabe**   **7C: Filmrezension**

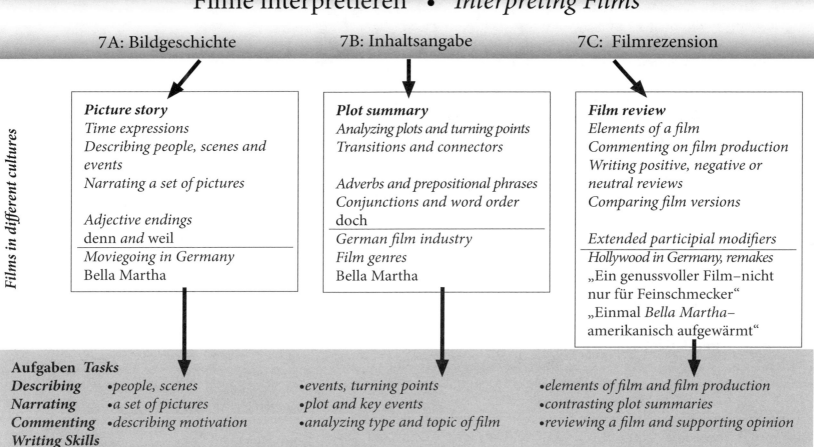

Films in different cultures

Picture story

Time expressions
Describing people, scenes and events
Narrating a set of pictures

Adjective endings
denn *and* weil
Moviegoing in Germany
Bella Martha

Plot summary

Analyzing plots and turning points
Transitions and connectors

Adverbs and prepositional phrases
Conjunctions and word order
doch
German film industry
Film genres
Bella Martha

Film review

Elements of a film
Commenting on film production
Writing positive, negative or neutral reviews
Comparing film versions

Extended participial modifiers
Hollywood in Germany, remakes
„Ein genussvoller Film–nicht nur für Feinschmecker"
„Einmal *Bella Martha*– amerikanisch aufgewärmt"

Aufgaben *Tasks*

Describing	•*people, scenes*	•*events, turning points*	•*elements of film and film production*
Narrating	•*a set of pictures*	•*plot and key events*	•*contrasting plot summaries*
Commenting	•*describing motivation*	•*analyzing type and topic of film*	•*reviewing a film and supporting opinion*

Writing Skills

Describing people and scenes → Narrating and ordering events →
Analyzing film genres and elements → Writing a good review

7A: Bildgeschichte

discussing films – 148, 156, 162

Kultur: Kino in Deutschland

A   *In Germany, cinemas that show independent or arthouse films are called* Programmkinos. *Their programs are usually set weeks in advance and are often organized around a theme, such as the films of a particular country.*

B   *In the summer,* Freiluftkinos *are very popular in Germany. Like at American drive-ins, films are shown on an outdoor screen, but the audience sits in chairs, not in cars!*

C   *In most German cinemas, you will be assigned a seat when you buy your ticket, and the price of admission may vary depending on where your seat is located.*

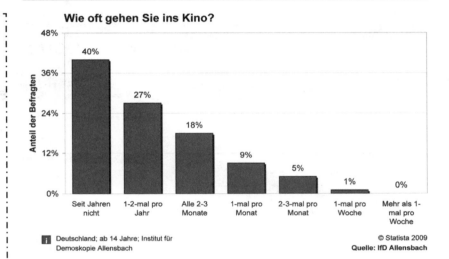

Wie oft gehen Sie ins Kino?

Anteil der Befragten

Seit Jahren nicht	1-2-mal pro Jahr	Alle 2-3 Monate	1-mal pro Monat	2-3-mal pro Monat	1-mal pro Woche	Mehr als 1-mal pro Woche
40%	27%	18%	9%	5%	1%	0%

Deutschland; ab 14 Jahre; Institut für Demoskopie Allensbach

© Statista 2009
Quelle: IfD Allensbach

🗨 **Bist du ein Kino-Fan?** Sprechen Sie in Gruppen über die Fragen.

1 Wie oft gehst du ins Kino?
- einmal pro Monat
- zwei- bis dreimal pro Monat
- alle zwei oder drei Monate
- selten oder nie

2 Wenn du **nicht so oft** ins Kino gehst, warum nicht?
- Ich habe zu wenig Zeit.
- Es ist zu teuer.
- Es gibt selten interessante Filme.
- Ich habe eine Allergie gegen Popcorn.

3 Wenn du **oft** ins Kino gehst, warum?
- Ich mag die bequemen Kinosessel und ich finde die große Leinwand *screen* schön.
- Ich esse gern die leckeren Snacks.
- Ich spreche gern mit anderen über neue Filme.

„Bella Martha“ – 150–51, 158–62

Kultur: *Bella Martha* (2001)
Bella Martha (*directed by Sandra Nettelbeck*) *tells the story of a talented but emotionally withdrawn chef, Martha Klein (Martina Gedeck), who works in an upscale restaurant. Martha's predictable life is turned upside down when two people enter her life: her niece Lina, who comes to live with her after the death of Lina's mother, and Mario, an outgoing rival chef from Italy. The film was released in the USA under the title* Mostly Martha *and remade in 2007 as* No Reservations, *with Catherine Zeta-Jones in the lead role.*

Bella Martha *Below are photos of the three main characters from the film* Bella Martha. *Using the* Wortschatz *below to describe appearance* Aussehen *and personality* Persönlichkeit, *fill in the information about each of the three characters!*

Name: *Martha*
Alter *age*:
Nationalität:
Aussehen:

Persönlichkeit:

Name: *Lina*
Alter:
Nationalität:
Aussehen:

Persönlichkeit:

Name: *Mario*
Alter:
Nationalität:
Aussehen:

Persönlichkeit:

describing people - ch. 1, 3, 52, 122, 130, 173

🗣 **Was für Menschen sind Martha, Lina und Mario?**
Sehen Sie die Fotos an und diskutieren Sie diese Frage!
• Ich finde, Martha ist eine ___ Frau.
• Martha sieht wie eine ___ Frau aus.
• Mario ist wahrscheinlich ein ___ Mann.
• Lina könnte ein ___ Mädchen sein.

Sprachtipps: Adjektivendungen *For adjectives that follow* **ein** *in the nominative (as in the sentences above), remember that the adjective ending is* -er *for masculine nouns (* **ein netter Mann** *) and* -es *for neuter nouns (* **ein nettes Mädchen** *). The adjective ending is* -e *following* **eine** *(* **eine nette Frau** *).*

Wortschatz: Leute beschreiben

Aussehen: schön, (un)attraktiv, hübsch, niedlich *cute*, blass *pale*, dünn, kräftig *powerful*, erschöpft *tired*

Persönlichkeit: sympathisch *nice*, traurig, melancholisch, launisch *moody*, lustig, fleißig, freundlich, ehrgeizig *ambitious*, kreativ, großzügig *generous*, einsam *lonely*, rebellisch

adjective endings – 56, 130, 163

Nützliche Ausdrücke *Combine each phrase below with the best verb in the list. You may use a verb more than once.*

arbeiten	bekommen	besuchen *to visit*	fest•halten *to hold tight*	fühlen *to feel*	gehen	hören
nehmen	passieren *to happen*	sein	sitzen	weinen *to cry*		

in einer Restaurantküche   *arbeiten*

eine ehrgeizige Köchin *chef* _____

etwas Schlimmes _____

ihre Arbeit ernst *seriously* _____

ans Telefon _____

schlechte Nachrichten *news* _____

sich an der Wand *wall* _____

erschüttert *shaken* _____

auf einer Bank _____ und

_____

sich traurig _____

ihre Nichte im Krankenhaus _____

nach einem Autounfall *car accident* tot _____

vor dem Fenster _____

einen Telefonanruf _____

Eine traurige Nachricht *The photos below show scenes from the beginning of the film. Write a sentence for each photo, using the phrases above.*

Martha arbeitet in ihrer Restaurantküche. Sie ist eine ehrgeizige Köchin und nimmt ihre Arbeit sehr ernst.

Sprachtipps: Zeitausdrücke

zuerst		danach	später		zum Schluß
am Anfang ------------ dann ------------------ anschließend -------- nachher -------- schon wieder ---------- am Ende					
als Erstes					als Letztes
first	*then*	*after that*	*later*	*once again*	*in the end*

When telling a story, you need words and phrases like these to help your reader or listener make sense of what's happening. In German, you can put these words and phrases either after the verb, or – even better – at the beginning of the sentence. If you do that, then remember to leave the verb in second position and move the subject to its place after the verb. See the example below.

time expressions – 68, 74, 75, 78, 88

Übung 1 Nudeln kochen *No student can survive without learning how to cook spaghetti. With a partner, take turns describing the numbered steps, but substitute words and phrases from the graphic above for the numbers.*

1 Du füllst einen Topf mit Wasser.   **Zuerst** füllst **du** einen Topf mit Wasser.

2 Du stellst den Topf auf die Herdplatte und machst sie an.
3 Du wartest, bis das Wasser kocht.
4 Du gibst die Nudeln ins Wasser.
5 Das Wasser kocht über — o nein!!

6 Du machst eine leckere Soße in der Mikrowelle warm.
7 Du schüttest das Wasser ab und legst die Nudeln auf einen Teller.
8 Du gießt die Soße auf die Nudeln und isst sie.
GUTEN APPETIT!

Sprachtipps: Warum passiert das? *In a story or plot summary it is important for a reader or listener to know **why** things happen. Use the conjunctions* weil *and* denn *to provide reasons and motivations. Remember,* weil *sends the verb to the end of the sentence,* denn *does not affect word order.*

Ich esse oft Nudeln, weil sie so einfach zu kochen sind.

Viele Studenten kochen gern Nudeln, denn sie sind billig.

Übung 2 Was isst du oft – und warum? Sprechen Sie mit anderen über diese Frage. Antworten Sie mit **weil** oder **denn**!

Was: Nudeln, Pizza, Eis, Schokolade, Gemüse, Obst, Kekse, Fastfood, Fleisch, Fertiggerichte *prepared meals*, Brot …
Warum: ich esse gern Süßes – ich habe wenig Zeit – ich bin Vegetarier/in – ich treibe viel Sport – ich kann nicht kochen – es ist billig / gesund / lecker …

making connections – 17, 33, 53, 88, 152

Lina will nichts essen

This part of the story is told in the sentences below, but they are not in order. Based on the images above, order these sentences, numbering them from 1 to 10. Then rewrite the story, giving it coherence by adding connecting words and phrases from the previous page. Remember to pay attention to where you put the verb!

____ Mario und Lina sind in der Restaurantküche.

____ Lina und Martha sind beim Abendessen.

____ Mario möchte, dass Lina Hunger bekommt.

____ Martha und Lina kommen zu Marthas Wohnung.

____ Mario hat Erfolg *success*. Lina isst seine Nudeln.

____ Lina möchte nichts essen und fragt, ob sie in ihr Zimmer gehen darf.

____ Lina ist noch sehr traurig über den Tod ihrer Mutter.

____ Martha macht sich Sorgen um Lina, weil sie nichts isst.

____ Martha zeigt Lina ihr neues Zuhause.

____ Mario zeigt Lina Basilikum.

Am Anfang kommen Martha und Lina zu Marthas Wohnung. Zuerst zeigt Martha Lina ihr neues Zuhause. Später...

Ein schöner Abend zu Hause

📄 **Eine Bildgeschichte** *Now that you've had some practice working with pictures from* Bella Martha, *it's your turn to write the story!*

1. Schritt: *Write at least two sentences describing each of the six pictures above, including locations and actions of the characters (Martha, Lina, and Mario). Use the vocabulary in the box on the right.*

2. Schritt: *Connect your sentences into a paragraph using words and phrases such as* zuerst, danach, später *and so on. You may wish to vary your word order by placing some of the connectors at the beginning of the sentence and some after the verb.*

3. Schritt: *Add detail to your story. Explain why the characters do what they do (using* weil *and* denn*). Feel free to speculate and invent! Read through the paragraph. Does everything make sense?*

4. Schritt: *Proofread! Check your word order: are the verbs in the right place? Is everything spelled correctly?*

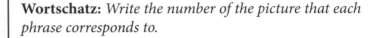

Wortschatz: *Write the number of the picture that each phrase corresponds to.*

____ auf dem Boden *floor* im Wohnzimmer sitzen
____ ein Brettspiel *board game* spielen
____ zusammen ein italienisches Abendessen kochen
____ eine große Unordnung *mess* in der Küche finden
____ aus der Küche schicken *to send out of the kitchen*
____ ein Picknick machen
____ sich küssen
____ nicht mitkochen dürfen
____ mit Lebensmitteln ankommen *to arrive with groceries*
____ lachen und viel Spaß haben
____ mit Wein anstoßen *to toast with wine*
____ schmutzige Teller und Töpfe *pots* auf dem Tisch
____ sich näher kommen *to get closer*
____ das Essen genießen *to enjoy*
____ aufräumen *to clean up* müssen
____ skeptisch sein
____ einen schönen Abend verbringen *spend*
____ sich ausgeschlossen fühlen *to feel left out*

writing a summary – 155, 177

7B: Inhaltsangabe

Deutsches Kino-Quiz Ordnen Sie die Regisseure/Regisseurinnen *directors* und Schauspieler/Schauspielerinnen *actors* ihren Filmen zu! Wenn Sie eine Antwort nicht wissen, stellen Sie Fragen an andere in der Klasse.

In welchem Film hat Franka Potente mitgespielt?   *Franka Potente hat in dem Film ___ mitgespielt.*
In welchem Film hat Caroline Link Regie geführt?   *Caroline Link hat in dem Film ___ Regie geführt.*

Margarethe von Trotta (Regisseurin)   *Bella Martha* (2001)
Caroline Link (Regisseurin)   *Das Leben der Anderen* (2006)
Daniel Brühl (Schauspieler)   *Das Versprechen* (1995)
Sönke Wortmann (Regisseur)   *Nirgendwo in Afrika* (2001)
Wim Wenders (Regisseur)   *Metropolis* (1927)
Franka Potente (Schauspielerin)   *Gegen die Wand* (2004)
Sandra Nettelbeck (Regisseurin)   *Der Himmel über Berlin* (1987)
Fritz Lang (Regisseur)   *Lola rennt* (1998)
Fatih Akin (Regisseur)   *Goodbye Lenin!* (2003)
Ulrich Mühe (Schauspieler)   *Das Wunder von Bern* (2003)

> **Kultur: Die deutsche Filmindustrie**
> *Although Hollywood films dominate German cinemas, a record 27% of filmgoers in Germany went to see German productions in 2008. Among the most popular German films that year were Til Schweiger's* Keinohrhasen, *and Uli Edel's Oscar-nominated* Der Baader Meinhof Komplex.

Meine Lieblingsfilme Diskutieren Sie in Gruppen die folgenden Fragen zum Thema Film.

1   Hast du einen Lieblingsfilm? Was für Filme siehst du gern?

2   Was erwartest *expect* du von einem guten Film?
  - Er soll mich zum Lachen / zum Weinen / zum Nachdenken bringen.
  - Die Musik / die Schauspieler / die visuellen Effekte **muss** / müssen gut sein.
  - Ich soll etwas daraus lernen.
  - Er soll mich in eine neue Welt führen.
  - Er soll spannend *exciting* sein.
  - Er soll mich einfach unterhalten *entertain* – weiter nichts!

> **Wortschatz: Filmgattungen** *film genres*
>
> | | |
> |---|---|
> | Liebesdramen | Liebeskomödien |
> | Fantasie-Filme | Science-Fiction-Filme |
> | Klassiker | Musicals |
> | Horror-Filme | Thriller |
> | Dramen | Action-Filme |
> | Krimis *mysteries* | Komödien |
> | Animationsfilme | |

3   Wie heißt der schlechteste Film, den du je gesehen hast?

discussing films – 142, 156, 162

✎ Inhaltsangaben von bekannten Filmen Wissen Sie, welche Filme hier beschrieben werden? Schreiben Sie die Titel auf Englisch – die Titel auf Deutsch finden Sie unten. Zu welcher Filmgattung *film genre* gehören diese Filme?

INHALT	TITEL	GATTUNG
1 Bei der Jagd *search* nach einem Serienkiller wagt FBI-Agent Jack Crawford ein verzweifeltes Experiment. Er setzt die intelligente, attraktive Kollegin Clarice Starling auf den Häftling *prisoner* Dr. Hannibal Lector an.		
2 Alles beginnt damit, dass der junge Hobbit Frodo Beutlin von seinem weitgereisten Onkel Bilbo einen Ring bekommt.		
3 Nach ihrer Entführung *kidnapping* durch den Joker kann Batman Vicky retten *rescue* und sie erkennt endlich, wer er ist.		
4 Luke chartert das Piraten-Raumschiff des zynischen Han Solo und nimmt gemeinsam mit Ben und den beiden Robotern den Kampf gegen die Mächte der Finsternis auf.		
5 Am Strand des idyllischen Badeortes Amity wird eines Nachts ein junges Mädchen von einem Hai *shark* getötet.		
6 Während einer Schlacht *battle* soll Kapitän Miller den vermissten Soldaten James Ryan finden und in Sicherheit bringen.		
7 Jack Dawson, ein armer junger Maler, der in der dritten Klasse des Schiffes reist, rettet Rose, eine Aristokratin. Zwischen den beiden ungleichen Partnern entsteht spontan eine leidenschaftliche Liebe.		

Antworten: 1 *Das Schweigen der Lämmer* 2 *Der Herr der Ringe* 3 *Batman* 4 *Krieg der Sterne* 5 *Der weiße Hai* 6 *Der Soldat James Ryan* 7 *Titanic*

Bella Martha: Zwei Inhaltsangaben Unten sind zwei verschiedene Inhaltsangaben von dem Film *Bella Martha*. Während Sie lesen, markieren Sie am Rand die Sätze, in denen Sie Informationen über den **Charakter von Martha** und **Wendepunkt(e) in der Handlung** finden. Dann ergänzen Sie die Tabelle (auf der gegenüberliegenden Seite) mit Stichworten aus den Texten.

1

Für Martha (Martina Gedeck) hat das Leben nur einen Inhalt: Kochen. In einem kleinen, aber feinen französischen Restaurant hat sie sich zur Chefköchin hochgearbeitet und führt dort ein strenges Regiment. Sie ist perfekt in ihrem Beruf – und das weiß sie. Wenn ein Gast einmal nicht zufrieden ist, muss er sich vor Martha rechtfertigen – und hat zumeist keine Chance. Das hat ihre Chefin Frida (Sibylle Canonica) dazu veranlasst, ihre beste Kraft in die Therapie zu schicken. Doch selbst auf der Couch kann sie nur ans Kochen denken, kommt einfach nicht davon los. Ihr Privatleben ist dagegen eine einzige Katastrophe. Ausgehen tut sie nie, Freunde hat sie auch nicht, nur mit ihrer Schwester hat Martha gelegentlich Kontakt. Als ihre Schwester bei einem Autounfall ums Leben kommt, ändert sich alles. Marthas Nichte Lina (Maxime Foerste) überlebt das Unglück, steht aber ganz allein da. Der Vater lebt in Italien und weiß gar nicht, dass er eine achtjährige Tochter hat. Lina zieht zunächst zu Martha, doch sie will unbedingt zu ihrem Vater nach Italien und nervt die überforderte Martha. Ausgerechnet in dieser Phase wird Martha im Restaurant auch noch ein zweiter Koch vor die Nase gesetzt. Doch unter der exzentrischen Fassade von Mario (Sergio Castellito) steckt viel Charme und Witz.

2

Mein Gott, kann diese Frau kochen. Wenn Martha Klein (Martina Gedeck) am Herd steht, dann geht es nicht um schnöde Essenszubereitung. Nein, dann wird gezaubert. Denn Kochen ist Kunst – und Martha ihre Prophetin. Mit flinkem Messer schneidet sie die Zutaten, rührt in Töpfen, sticht Ravioli aus, bereitet Füllungen, garniert Teller. Hier noch ein Blatt Basilikum, dort noch eine Prise Salz. Schnell muss alles gehen, doch Martha verliert nie den Überblick, verpasst keine Garzeit. Martha ist gut, und sie weiß es. Wenn Gäste des Lido, einem französischen Feinschmeckerlokal, sich beschweren, reagiert sie undiplomatisch und entrüstet. Martha ist ein Ass in ihrem Job, doch für das Leben hat sie kein Rezept. Wie viele andere Menschen, die ausschließlich einer einzigen Leidenschaft frönen, ist sie jenseits davon völlig hilflos. Aus diesem Gefälle zwischen Meisterschaft und Lebensuntüchtigkeit bezieht der erste Kinofilm von Sandra Nettelbeck seine dramatische Spannung. Denn plötzlich muss sich Martha um ihre Nichte kümmern, die nach dem Unfalltod ihrer Schwester vor der Tür steht. Nicht zu vergessen der italienische Meisterkoch (Sergio Castellitto), mit dem sie sich auf Geheiß ihrer Chefin (Sibylle Canonica) die Küche teilt.

Analyse der Inhaltsangaben Lesen Sie nochmal die zwei Inhaltsangaben und ergänzen Sie die Tabelle mit Stichworten aus den Texten!

	Inhaltsangabe 1	Inhaltsangabe 2
Einleitungssatz *introductory sentence*	Für Martha hat das Leben nur einen Inhalt: Kochen	
Beschreibung von Martha		Kochen ist Kunst – und Martha ihre Prophetin
Wendepunkt(e) in der Handlung *turning point(s) in the plot*	Als Marthas Schwester bei einem Autounfall umkommt, ändert sich alles	
Schlusssatz *concluding sentence*		

🐦 **Fragen zu den Texten** Besprechen Sie diese Fragen in Gruppen oder im Plenum!

1 Was für ein Film ist *Bella Martha*? Was ist das Hauptthema *main subject*?

2 Welche Inhaltsangabe (1 oder 2) finden Sie besser und warum?

3 Was wird in dem Film passieren? Spekulieren Sie über das Ende dieses Filmes!

Wortschatz: Zusammenhänge erstellen *In the summaries of* Bella Martha, *the critics use various types of connectors to give coherence to their plot descriptions. These connectors are important because the authors must use relatively few words to describe the key elements of the film and its plot. Here are some common connecting words and phrases:*

	Adverbs	Prepositional phrases	Conjunctions
When things happen	zunächst *first* dann *then* danach *after that* auf einmal *suddenly* plötzlich *suddenly* schließlich *finally*	am Anfang *at the beginning* am Ende *in the end* zu dieser Zeit *at this time* nach dieser Zeit *after this time* während dieser Zeit *during this time*	wenn *when (repeated event)* als *when (single event in past)* während *during* nachdem *after*
Why things happen	deshalb *for that reason* deswegen *on account of that* daher *that's why* darum *that's why*	aus diesem Grund *for this reason* wegen dieser Situation *on account of this situation*	weil *because* denn *because*
Contrast between two things or events	doch *yet, but, still* dagegen *in comparison* dennoch *however* einerseits … andererseits *on the one hand … on the other hand*	im Gegensatz zu … *unlike…* im Gegenteil *on the contrary* auf der einen Seite *on the one hand* auf der anderen Seite *on the other hand*	aber *but* sondern *but rather* nicht nur … sondern auch *not only…but also*

making connections – 17, 33, 53, 88, 145

Wortsuche Lesen Sie die zwei Inhaltsangaben von *Bella Martha* nochmal, kreisen Sie die Wörter und Ausdrücke ein, mit denen Zusammenhänge erstellt werden, und schreiben Sie sie in die Tabelle (unten)!

	Adverbien	Präpositionalsätze	Konjunktionen
Wann			
Warum			
Kontrast			

Sprachtipps: *Word order review*

Keep in mind that **adverbs and prepositional phrases** *are added to a clause to give more information about where, when, why or how things happen. Placing them at the* **beginning** *of a main clause means that the subject follows the verb:*

Marthas Schwester stirbt in einem Autounfall und ihre Tochter Lina muss zu Martha ziehen.

Am Anfang des Filmes stirbt Marthas Schwester in einem Autounfall und deshalb muss ihre Tochter Lina zu Martha ziehen.

Conjunctions, *on the other hand, connect clauses. Coordinating conjunctions (*und, aber, oder, denn, sondern*) do not affect word order. Subordinating conjunctions (such as* wenn, als, *and* weil*) send the verb to the end of the clause.*

Lina zieht zu Martha. Martha ist überfordert. Sie versteht nicht viel von Kindern.

Als Lina zu Martha zieht, ist Martha überfordert, **denn** sie versteht nicht viel von Kindern.

word order in main clauses – 70, 89, 138

Wie hängt das zusammen? *You are a film critic and have just seen a new horror film,* Die dunkle Straße. *During the film you made notes about the plot. Now you need to add connectors so that the plot makes sense to readers. Rewrite the lines below adding connectors (from the opposite page) to explain when and why things occur, and to set up a contrast between the two characters. How might the film continue? Add some additional sentences to your summary.*

Notizen: Zwei junge Frauen, Karolin und Anja, sitzen im Auto. Sie sind aufgeregt. Es ist eine dunkle, stürmische Nacht. Die Frauen können nicht weiterfahren. Ihr Wagen ist kaputt. In der Ferne sehen sie die Lichter eines Hauses. Karolin will dahin laufen. Da gibt es bestimmt ein Telefon. Sie möchte ihre Mutter anrufen. Die Mutter kann sie vielleicht abholen. Karolin glaubt, dass alles in Ordnung sein wird. Anja hat große Angst. Anja weiß, dass Menschen von dieser Straße mal verschwunden sind. Sie will nicht, dass Karolin weggeht. Die Frauen hören ein komisches Geräusch…

Am Anfang des Filmes sitzen zwei junge Frauen, Karolin und Anja, im Auto. Sie sind aufgeregt, denn es ist eine dunkle, stürmische Nacht.

Sprachtipps: Doch *The word* doch *is used in several ways in German.*

Doch *can mean "yes" in response to certain types of questions. For example, if your friend asks* Kommst du nicht mit? *but you really are going to come along, then you would say* Doch!

Doch *functions as an intensifier in all kinds of sentences, especially commands. If your friend says* Komm doch mit, *then he really wants you to come.*

Doch *can set up a contrast in a sentence by introducing an idea that is contrary to expectations, as in this sentence:* Ich koche sehr gern, doch esse ich meistens im Restaurant, weil ich so wenig Zeit habe.

Übung: Doch! *Complete these sentences with a phrase that defies the expectation set up in the first part of the sentence.*

1 Ich sehe selten gute Filme, doch …

2 Mein Freund interessiert sich sehr für Filme, doch …

3 Meine Schwester mag keine Horrorfilme, doch …

Sprachtipps: Worum geht es? *What is it about? You may wish to open your film summary with a sentence that gives an overview of the film as a whole. Use the verb + preposition combinations* es geht um *or* handeln von *to express what a film is about. Remember that the preposition* um *is always followed by the accusative,* von *by the dative.*

In einem Krimi geht es oft um einen Mord.   Ein Road-Movie handelt immer von einer Reise.

Vervollständigen Sie diese Sätze mit **es geht um** oder **handeln von**! Achten Sie auf die Stellung des Verbs!

1   In einem Horror-Film …

2   Eine Liebeskomödie …

3   In einem Action-Film …

4   Ein Thriller …

Struktur einer Inhaltsangabe

Introductory sentence that gives an overview of the whole film
Dieser Film handelt von ... Hier geht es um ... Im Mittelpunkt des Filmes steht ...
Summary of main plot elements and characters
Am Anfang ... Zunächst ... danach ... schließlich ... Wenn ... dann ... Und deshalb ...
Concluding sentence that doesn't reveal the ending of the film
Doch ... Auf einmal wird ihr klar, was sie machen soll ... Dann gibt es in der Geschichte eine überraschende Wende ...

📄 **Eine Inhaltsangabe von einem Film**

Now it's your turn to write a plot summary for a film. Remember: A summary in a film review is not very long. Plan to write about 200 words. Your review should follow the three-part structure that is outlined to the left.

1. Schritt: *Choose a film to summarize. Choose a film that you know well, or one you have seen recently. Plan to watch it again and make notes on the main plot elements, characters, and key scenes. Pay particular attention to turning points.*

2. Schritt: *Write a first draft of the summary. Use the connecting adverbs, prepositional phrases, and conjunctions presented earlier in the chapter. Use the **present tense** for your summary, except for events that take place before the action of the film.*

3. Schritt: *Work on your introductory and concluding sentences. Does the opening give readers a sense of the film as a whole? Use the phrases **es geht um** or **handeln von** to express what the film is about. Does the conclusion reveal just enough of the ending to make the reader want to see the film?*

4. Schritt: *Proofread your summary. Is the verb in the right place in every sentence? Are the verbs conjugated correctly? Make revisions as necessary.*

writing a summary – 147, 177

7C: Filmrezension

Wortschatz: Über Filme sprechen und schreiben Wenn man Filme bewerten *evaluate* oder rezensieren *review* will, muss man den richtigen Wortschatz kennen.

discussing films – 142, 148, 162

Personen	Elemente eines Filmes	Was man bewertet	Wie man es bewertet
der/die Filmemacher/in *film-maker*	der Drehort *location*	die Regie *direction*	geschickt *skillful*, routiniert
der/die Regisseur/in *director*	die Rolle *part, role*	das Tempo *tempo*	schnell, genau richtig, lahm *very slow*
der/die Produzent/in *producer*	die Hauptrolle *lead role*	das Drehbuch *script*	originell, lustig, komisch, raffiniert *sophisticated*, intelligent
der/die Drehbuchautor/in *screen-writer*	die Nebenrolle *supporting role*		
der/die Schauspieler/in *actor*	der Ton *sound*	die Handlung *plot*	einfach, kompliziert, verwirrend *confusing*, faszinierend, lächerlich *ridiculous*
der/die Hauptdarsteller/in *lead actor*	die Beleuchtung *lighting*		
der/die Nebendarsteller/in *supporting actor*	die Maske *makeup*		
	der Schnitt *editing*		
die Besetzung *cast*	die Kameraeinstellung *shot*	die Figuren *characters*	entwickelt *developed*, flach, stereotypisch, glaubwürdig *believable*
der Stuntmann/die Stuntfrau *stunt person*	die Story *story, plot*		
	die Szene *scene*		
	die Sequenz *sequence*	die schauspielerische Leistung *acting*	sehr gut, schlecht, routiniert, mittelmäßig *average*
der/die Statist/in *extra*	die Zeitlupe *slow motion*		
der Kameramann/die Kamerafrau *cinematographer, cameraperson*	im Zeitraffer *fast motion*	die Filmmusik *score*	schön, bewegend *moving*, unpassend *unsuitable*
	die Rückblende *flashback*		
der/die Toningenieur/in *sound engineer*	der Abspann *credits*	visuelle Effekte / Spezialeffekte *special effects*	imponierend *impressive*, künstlich *artificial*
der/die Cutter/in *editor*	der Trailer *trailer*		

🎬 **Sie drehen einen Film!** Stellen Sie sich vor, Sie sind ein/e Filmemacher/in und drehen mit zwei anderen Produzenten aus Ihrer Klasse einen Film. Entscheiden Sie in der Gruppe, was für einen Film Sie drehen. Geben Sie dem Film einen Titel und skizzieren Sie kurz die Handlung. Wo spielt der Film und wo werden Sie ihn drehen? Entscheiden Sie auch, wer die Regie führt und welche Schauspieler/innen die Haupt- und Nebenrollen spielen. Präsentieren Sie Ihr Filmkonzept vor der Klasse!

📣 Wie bewertet man einen Film? Unten sind Auszüge aus verschiedenen Filmrezensionen. Unterstreichen Sie alle Adjektive, mit denen die Filme beschrieben werden. Sind die Adjektive **positiv**, **negativ** oder **neutral**? Schlagen Sie im Wörterbuch die Adjektive nach, die Sie noch nicht kennen, und tragen Sie die Adjektive unten ein. ⇩

- <u>Hervorragend</u> waren das Tempo und der Rhythmus der Bilder.
- So entstand ein merkwürdig uneinheitlicher Film.
- Eine intelligente Typenkomödie von sprödem Charme.
- Entstanden ist ein ganz und gar <u>unspektakulärer</u> Film.
- Die Story erscheint eher oberflächlich.
- Alles in allem geht es um einen einfallsreichen, vergnüglichen und zu Recht preisgekrönten Film.
- Die Handlung des Filmes ist zwar stellenweise sprunghaft, aber die Spannung ist perfekt kalkuliert.
- Es gibt sehr gute darstellerische Leistungen, kluge Regie und einprägsame Musik.
- Entscheidendes wird oft in langen und etwas trockenen Dialogen vermittelt.
- Nicht ganz überzeugend integriert wurden die Szenen aus der Kindheit.
- Der Film ist durchaus amüsant geraten; seine Tricktechnik ist bemerkenswert.
- Der Film ist <u>vieldeutig und deshalb umstritten</u>.
- Weniger überzeugend als darstellerische Leistung und optische Gestaltung wirkt in diesem Film die etwas klischeehafte Regie.
- Eindrucksvolle Bilder und bemerkenswerte darstellerische Leitungen werden geboten.
- Am Ende dieses enttäuschenden Filmes fühlen sich viele Kritiker und Zuschauer ratlos.
- Ein hölzernes Drehbuch und eine uninspirierte Regie verschenken die meisten Möglichkeiten des Stoffes.
- Eine brillante Komödie, die ihre Wirkung gleichermaßen dem präzisen Drehbuch, der einfallsreichen Regie und den ausgezeichneten darstellerischen Leistungen verdankt.
- Ein originelles Drehbuch, lockere Dialoge, eine saubere Inszenierung und glaubwürdige Darsteller – alles in allem, gute Unterhaltung.

Positive Bewertung
hervorragend

Negative Bewertung
unspektakulär

Neutrale Bewertung
vieldeutig und deshalb umstritten

***Bella Martha*: Eine Filmrezension** Lesen Sie die Rezension des Filmes. Während Sie lesen, markieren Sie am Rand die Sätze, in denen der Film bewertet wird, und unterstreichen Sie alle bewertenden Adjektive wie im ersten Absatz.

Ein genussvoller Film – nicht nur für Feinschmecker

Von Carsten Baumgardt

Liebe geht bekanntlich durch den Magen. Dass hinter dieser landläufig gepflegten Weisheit auch Wahrheit steckt, beweist Sandra Nettelbecks <u>melancholisch-komisches</u> Leinwand-Debüt „Bella Martha" auf <u>unterhaltsame</u> Weise.

Für Martha (Martina Gedeck) hat das Leben nur einen Inhalt: Kochen. In einem kleinen, aber feinen Restaurant hat sie sich zur Chefköchin hochgearbeitet und führt dort ein strenges Regiment. Sie ist perfekt in ihrem Beruf – und das weiß sie. Wenn ein Gast einmal nicht zufrieden ist, muss er sich vor Martha rechtfertigen – und hat zumeist keine Chance. Das hat ihre Chefin Frida (Sibylle Canonica) dazu veranlasst, ihre beste Kraft in die Therapie zu schicken. „Warum? Das weiß ich auch nicht. Ich soll einfach eine Therapie machen", erzählt sie ihrem Psychiater (August Zirner). Doch selbst auf der Couch kann sie nur ans Kochen denken, kommt einfach nicht davon los. Ihr Privatleben ist dagegen eine einzige Katastrophe. Ausgehen tut sie nie, Freunde hat sie auch nicht, nur mit ihrer Schwester hat Martha gelegentlich

Kontakt. Als sie bei einem Autounfall ums Leben kommt, ändert sich alles. Marthas Nichte Lina (Maxime Foerste) überlebt das Unglück, steht aber ganz allein da. Der Vater lebt in Italien und weiß gar nicht, dass er eine achtjährige Tochter hat. Lina zieht zunächst zu Martha, doch sie will unbedingt zu ihrem Vater nach Italien und nervt die überforderte Martha wo es geht. Ausgerechnet in dieser Phase wird ihr im Restaurant auch noch ein zweiter Koch vor die Nase gesetzt. Doch unter der exzentrischen Fassade von Mario (Sergio Castellito) steckt viel Charme und Witz.

Regisseurin und Drehbuchautorin Sandra Nettelbeck setzt in ihrem charmanten Kino-Debüt „Bella Martha" ganz auf ihre charismatische Hauptdarstellerin Martina Gedeck („Das Leben ist eine Baustelle", „Rossini"). Mit Bravour trägt sie die tragisch-komische, emotional-kulinarische Reise der etwas chaotischen Martha auf der Suche nach sich selbst und der Liebe. Mit fein nuanciertem Spiel bestimmt sie jederzeit das Geschehen – unterstützt von einer Reihe guter Nebendarsteller. Sergio Castellito mimt den italienischen Charmebolzen ohne zu übertreiben und auch die nicht einfache Figur der Lina wird von Maxime Foerste gemeistert.

Von der Stimmung her ist „Bella Martha" in drei verschiedene Abschnitte aufgeteilt. Beginnt der Film wie eine leichte, beschwingte Komödie so wechselt das Klima bald – Martha und Lina fechten ein beinahe klassisches Tante-Nichte-Drama aus, in dem die leicht neurotische Martha droht, die Kontrolle – und Lina zu verlieren. Im letzten Drittel kehrt die Grundstimmung genauso wie der obligatorische Paolo-Conte-Song im Soundtrack zurück.

Das alles hat bis auf einige kleine Längen, Schwung und Atmosphäre. Wenn es um die Möglichkeiten des Kinos geht, nutzt Sandra Nettelbeck allerdings nicht alle Chancen. Der Film hätte theoretisch genauso gut als TV-Premiere laufen können, denn große Kinobilder bietet „Bella Martha" nicht. Das oft regnerisch-bewölkte Hamburg ist solide, aber keineswegs aufregend eingefangen und auch bei den wenigen Szenen in Italien werden die Möglichkeiten der großen Leinwand nicht genutzt. Trotzdem ist „Bella Martha" ohne Zweifel kinotauglich, denn der oft beklagten Inhaltsleere begegnet Regisseurin Nettelbeck mit guten Dialogen, einer nicht alltäglichen Geschichte und Raffinesse.

Struktur einer Filmrezension

Eine typische Filmrezension hat fünf Teile:

1 einen Titel, der schon ahnen lässt, was der/die Kritiker/in von dem Film hält
2 eine Einführung, die einen Überblick über den Inhalt und die Bewertung des Filmes gibt
3 eine Inhaltsangabe, die die Hauptaspekte der Handlung zusammenfasst
4 eine Bewertung von einzelnen Elementen des Filmes
5 einen Schluss, in dem der Film als sehenswert oder nicht sehenswert bezeichnet wird

Strukturanalyse Lesen Sie die Rezension von *Bella Martha* nochmal durch und schreiben Sie die Zahlen 1 bis 5 neben die entsprechenden Teile des Textes.

Ihre Meinung zu der Filmrezension

• Wie finden Sie diese Rezension?
• Wenn Sie den Film kennen: ist die Kritik Ihrer Meinung nach gut begründet *justified*?
• Wenn Sie den Film nicht kennen: macht Ihnen die Rezension Lust, den Film zu sehen?

Die Bewertung von *Bella Martha* Was schreibt der Kritiker zu den folgenden Aspekten des Filmes? Ergänzen Sie die Tabelle mit Stichworten aus der Rezension.

Hauptdarsteller / Nebendarsteller	*charismatisch*
Struktur und Stimmung des Filmes	*in drei verschiedene Abschnitte aufgeteilt*
Filmmusik	
Filmbilder *cinematography*	
Handlung / Geschichte	
Dialoge	

Ein amerikanisches Remake von _Bella Martha_ 2007 wurde _Bella Martha_ für ein amerikanisches Publikum neu verfilmt. Lesen Sie die Rezension von _No Reservations_, der in Deutschland unter dem Titel _Rezept zum Verlieben_ lief.

Einmal Bella Martha – amerikanisch aufgewärmt!

Von Matthias Heine

Amerikaner kopieren das deutsche Kino: Der 2001 erschienene Film „Bella Martha" mit Martina Gedeck wurde neu verfilmt. „Rezept zum Verlieben" heißt das Remake mit Catherine Zeta-Jones. Wieder geht Liebe durch den Magen – aber das Rezept ist nicht besonders einfallsreich.

Warum sollte man sich einen Film, den man schon mit Martina Gedeck gesehen hat, jetzt noch einmal mit Catherine Zeta-Jones ansehen? Nur wenn Sie eine Antwort auf diese Frage wissen, lesen Sie getrost weiter. Denn die US-Komödie „Rezept zum Verlieben" ist das nahezu hundertprozentige Remake des deutschen Films „Bella Martha".

Den sahen 2001 in Deutschland mehr als eine halbe Million Zuschauer, und sogar in den USA spielte er gut 4 Millionen Dollar ein. Daraufhin eignete sich Hollywood die Story an und drehte eine amerikanische Fassung, wie es zuvor schon europäischen Filmen wie „Drei Männer und ein Baby" geschehen war.

DER BLONDE AARON SINGT BEIM KOCHEN

Regisseur Scott Hicks, der seit „Shine" nichts Bedeutendes mehr gedreht hat, und seine Drehbuchautorin Carol Fuchs, haben zwar den Schauplatz – ein trendiges Oberklasserestaurant – von Hamburg nach New York verlegt. Ansonsten halten sie sich aber fast sklavisch an das deutsche Original. Ganze Szenen gleichen bis in jede Kameraeinstellung hinein „Bella Martha". Und auch die Story wurde kaum verändert: Martha heißt jetzt zwar Kate, aber auch diesmal ist sie eine arbeitssüchtige Spitzenköchin, deren Leben durch zwei Ereignisse aus der Bahn geworfen wird: Ihre Schwester stirbt bei einem Unfall und so wird Kate (Catherine Zeta-Jones) zur unfreiwilligen Adoptivmutter ihrer zehnjährigen kleinen Nichte. Und obendrein stellt die Restaurantchefin, ohne Kate zu fragen, einen sehr fähigen, sehr gut aussehenden Sous-Chef ein, dessen Lebenslust und Charme bald Breschen in den Panzer von Kates eiskalter Professionalität schlagen.

Im Original war der Mann Italiener, diesmal ist es nur der blonde Aaron Eckhart. Der neue Koch hat in einer Landgaststätte in Italien gelernt. Aus dieser Zeit hat er offenbar auch die Angewohnheit behalten, in der Küche zu singen – als ob die permanente Arienbeschallung des Soundtracks nicht reichen würde. Natürlich fehlt auch nicht „Nessun dorma!", das Glutamat der Klassikradioköche.

DER REIMPORT GRENZT AN KULTURIMPERIALISMUS

So unausweichlich wie Wasser bei 100 Grad kocht, bewegen sich die beiden beruflichen Konkurrenten auf eine Romanze zu – der Hilfe des kleinen Mädchens hätte es dazu nicht bedurft. Das ist alles ganz witzig, charmant, die verschwenderischen Großaufnahmen von erlesenen Gerichten machen hungrig – alles wie schon bei „Bella Martha".

Und das Paar Zeta-Jones/Eckhart entbehrt keineswegs eines gewissen Charmes. Dazu gibt es einen verschrobenen Auftritt des tollen Charakterkomikers Bob Balaban als Kates Psychiater. Aber es ist doch nur ein Aufguss. Und dass der Film überflüssigerweise in Deutschland in den Kinos gezeigt wird, ist nur mit Kulturimperialismus zu erklären.

metaphors – 120, 169

Metapher des Kochens In *Bella Martha* und *Rezept zum Verlieben* geht es viel um Kochen und Essen. Deshalb ist es nicht überraschend, dass Filmkritiker auch Kochen und Essen als Metaphern in ihren Bewertungen des Filmes verwenden. In beiden Rezensionen, zum Beispiel, wird dieser bekannte Spruch erwähnt: „Liebe geht durch den Magen" *The way to a man's heart is through his stomach.*

Lesen Sie die Rezension von *Rezept zum Verlieben* nochmal und notieren Sie unten alle Wörter und Ausdrücke, die mit Kochen und Essen verbunden sind!

amerikanisch <u>*aufgewärmt*</u>

Ist die Verwendung von diesen Metaphern effektiv? Was meinen Sie?

Struktur der Rezension Wie wird die Rezension von „Rezept zum Verlieben" strukturiert? Wo findet man die folgenden Teile der Rezension? Schreiben Sie die Zahl des unten angegebenen Teils neben den entsprechenden Absatz in der Rezension.

1 Titel
2 Einführung
3 Inhaltsangabe
4 Hintergrundinformationen
5 Bewertung der einzelnen Aspekte des Filmes
6 Schlussbemerkungen

Kultur: Hollywood in Deutschland Die meisten Filme, die in deutschen Kinos gezeigt werden, sind Hollywood-Filme. Diese Filme werden normalerweise **synchronisiert** *dubbed*. Man sieht aber auch in Kinoprogrammen die Bezeichnung **OmU**: „Original mit Untertiteln". Das bedeutet, dass der Film **nicht** synchronisiert ist.

Ein Titel-Quiz Wie heißen diese Hollywood-Filme in Deutschland?

The Godfather	Vom Winde verweht
Ferris Bueller's Day Off	Der Zauberer von Oz
Ever After	Der weiße Hai
The Sound of Music	Ferris macht blau
The Wizard of Oz	Besser geht's nicht
The Lord of the Rings	Krieg der Sterne
Die Hard	Auf immer und ewig
Gone with the Wind	Kevin – Allein zu Hause
Jaws	Die Reifeprüfung
Pirates of the Caribbean	Der Pate
As Good as It Gets	Der Herr der Ringe
Home Alone	Stirb langsam
Star Wars	Fluch der Karibik
The Graduate	Meine Lieder, meine Träume

🗨 **Vergleich von *Bella Martha* und *Rezept zum Verlieben***

Welche Ähnlichkeiten und Unterschiede zwischen dem deutschen Original und dem amerikanischen Remake werden von dem Kritiker Matthias Heine erwähnt? Notieren Sie sie unten in die Tabelle und diskutieren Sie dann mit anderen Studenten in der Klasse darüber.

Im Original heißt die Hauptfigur ____ aber im Remake …

Das Original spielt in ____, aber im Remake wird der Schauplatz nach ____ verlegt.

Im Remake bleibt ____ unverändert.

In beiden Filmen gibt es ____.

Ähnlichkeiten	Unterschiede

🗨 **Kulturimperialismus?** Der Kritiker von *Rezept zum Verlieben* schreibt: „Das Reimport grenzt an Kulturimperialimus"? Was meint er damit? Stimmen Sie ihm zu?

🗨 **Möchtest du ins Kino?** Sprechen Sie in Gruppen über diese Fragen.

1   Wie entscheidest du, in welche Filme du gehst? Haben die folgenden Faktoren einen Einfluss auf dich?
- ☐ die Meinungen von Freunden
- ☐ die Besetzung oder der Regisseur des Filmes
- ☐ Filmtrailer und Werbungen
- ☐ die Filmgattung, d.h. ob der Film ein Action-Film, eine Liebeskomödie, usw. ist

2   Liest du Filmrezensionen? Wenn nicht, warum nicht? Wenn ja, wo liest du die Rezensionen?

3   Was erwartest du von einer Filmrezension? Was möchtest du da finden?
- ☐ eine Inhaltsangabe
- ☐ wie teuer der Eintritt ist
- ☐ Hintergrundinformationen *background information* zum Film
- ☐ wie der Film endet
- ☐ wie viele „Sterne" der Film bekommt
- ☐ an wen der Film gerichtet ist (Kinder, Teenager, Frauen…)

Sprachtipps: *Extended participial modifiers* *There are two types of participles in German:*

Present participles are formed by adding a –d to the end of the infinitive form of a verb. This is equivalent to adding –ing to a verb in English.
Laut **singend** kam der neue Koch Mario in die Küche. Martha findet ihn **nervend**.

*Past participles are used with helping verbs to form the conversational past tense. They often begin with **ge-** and end with either –t or –en.*
Das Singen hat Martha **gestört**. Deshalb hat sie Mario sehr unfreundlich **behandelt**.

Present and past participles can function as adjectives. When they are placed in front of a noun, they take endings:
Martha findet den **singenden** Koch nervend. Die **gestörte** Martha hat ihn sehr unfreundlich behandelt.

When a participle is used to modify a noun, the modifying phrase can also be extended to include other information:
Martha findet den **laut singenden** Koch nervend. Die **vom Singen gestörte** Martha hat ihn sehr unfreundlich behandelt.
Extended participial modifiers are often found in journalistic texts because they allow a writer to present information in a concise and efficient manner. In the examples above, the information from four clauses has been condensed into two through the use of extended participial modifiers. Here is another example of three clauses turned into one:

Der Film *Bella Martha* ist **2001 erschienen**. Er wurde **von Sandra Nettelbeck gedreht**. In Deutschland war er sehr beliebt.

Der **2001 erschienene, von Sandra Nettelbeck gedrehte** Film *Bella Martha* war in Deutschland sehr beliebt.

adjective endings – 56, 130, 143

Übung Ersetzen Sie die unterstrichenen Verben und Partizipien mit Partizipien als Adjektive!
Der Film <u>wurde vor neun Jahren in deutschen Kinos gezeigt</u> und spielte 4 Millionen Dollar ein.

Der vor 9 Jahren in deutschen Kinos gezeigte Film spielte 4 Millionen Dollar ein.

1 Der Film <u>läuft seit drei Wochen</u> und hat bisher eine halbe Million Zuschauer.

2 Der Sous-Chef <u>singt ständig, ist gut gelaunt</u> und nervt die überforderte Martha.

3 Der amerikanische Film, <u>der überflüssigerweise in Deutschland gezeigt wurde</u>, heißt *Rezept zum Verlieben*.

📄 **Eine Filmrezension** Sie sind Filmkritiker/in für die deutsche Zeitung an Ihrer Uni und schreiben eine Rezension zu einem Film. Es kann ein neuer Film sein oder ein „Klassiker". Es muss nicht unbedingt ein Film sein, den Sie gut finden. Sie können auch eine negative Rezension zu einem Film schreiben, den Sie **nicht** empfehlen möchten!

1. Schritt: Entscheiden Sie sich, welchen Film Sie rezensieren. Sehen Sie sich den Film erneut an und machen Sie dabei Notizen zu den einzelnen Aspekten des Filmes: Drehbuch, Handlung, Dialoge, Darsteller, Regie, Bilder, Musik, usw.

2. Schritt: Planen Sie Ihre Rezension. Welche Aspekte des Filmes finden Sie besonders gut und welche nicht? In einer Rezension kann man nicht auf jeden Aspekt des Filmes eingehen, also müssen Sie sich entscheiden, was an dem Film bemerkenswert ist. Überlegen Sie sich auch, wie Sie Ihre Rezension sprachlich gestalten. Welche bewertenden Adjektive können Sie verwenden? Können Sie auch für die Rezension eine metaphorische Sprache finden, die zu dem Film passt?

3. Schritt: Schreiben Sie Ihre Rezension. Halten Sie sich an die folgende Struktur:

- **Einleitung** Fassen Sie in ein paar Sätzen zusammen, was im Film auffällt und ob Sie den Film gut finden oder nicht.
- **Inhaltsangabe** Beschreiben Sie den Inhalt des Filmes, ohne zu viele Einzelheiten anzugeben. Verraten Sie den Schluss nicht, obwohl Sie ihn beschreiben dürfen (als enttäuschend, überraschend, usw.).
- **Hintergrundinformationen** Hier können Sie erwähnen, wie der Film entstanden ist, ob er die Verfilmung eines Romans oder ein Remake ist, wieviel der Film kostete, wo er gefilmt wurde, usw.
- **Bewertung** Bewerten Sie die einzelnen Aspekte des Filmes: Schauspieler, Drehbuch (Handlung, Dialog), Tempo, Regie, usw. Achten Sie darauf, dass Sie Ihre Bewertung auch begründen! Das heißt, es reicht nicht aus, einfach zu behaupten, dass der Film gut oder schlecht ist. Unterstützen Sie Ihre Meinung mit Beispielen und Begründungen!
- **Empfehlung** Ist der Film sehenswert oder nicht? Fassen Sie Ihre Meinung zum Film im letzten Absatz zusammen. Wenn Sie möchten, können Sie dem Film eine „Note" geben (zum Beispiel, 7/10 oder 4 Sterne).
- **Titel** Erfinden Sie einen guten Titel für die Rezension. Der Titel sollte mit dem Titel des Filmes *nicht* identisch sein, sondern der Titel sollte andeuten, worum es in dem Film geht oder was Sie von dem Film halten.

4. Schritt: Lesen Sie die fertige Rezension nochmal durch. Sind die einzelnen Teile der Rezension gut ausgearbeitet? Haben Sie einen guten Titel? Ist die Rezension überzeugend?

Literatur interpretieren • *Interpreting Literature*

8A: Gedichte interpretieren   **8B: Märchen interpretieren**   **8C: Kurzgeschichten interpretieren**

German literature

Interpreting poems
Rhyme schemes
Symbolism and metaphor
Analyzing poetic structure

Lessing – „Lob der Faulheit"
Gerhardt – „Sommergesang"
Goethe – „Erlkönig"

Interpreting fairy tales
The typical fairy tale
Heroes and heroines
Fairy tale vocabulary

Making comparisons
Supporting statements with examples

Chivalry in fairy tales

Interpreting short stories
Summarizing a story
Establishing topic and thesis
Including quotes

Ordering events
Relative pronouns

Fiction and non-fiction
Susanna Piontek
„Von *short stories*,
Kurzgeschichten und einer
Traumfrau"

Aufgaben *Tasks*
Analyzing key genre elements
•*rhyme, meter, verses, metaphor*   •*archetypes, conflicts, themes*   •*beginnings, turning points, characters*
Supporting statements   •*introducing examples*   •*using and interpreting quotes*

Writing Skills
Describing a text → Analyzing how a text fits the genre →
Summarizing a plot, themes or topics → Supporting an interpretation

8A: Gedichte interpretieren

Wortschatz: Teile eines Gedichts

der Vers *line of poetry*

die Strophe *stanza, several grouped lines of poetry*

der Reim *rhyme, similar sounds in words or syllables*

das Reimschema *pattern of rhyming*

der Takt *poetic meter, rhythm of words and syllables*

das (zentrale) Thema *(main) theme*

Ein Gedicht analysieren: „Lob der Faulheit"
Übungen zu der Form des Gedichts

1 Nummerieren Sie die Verse!

2 Wie viele Strophen gibt es?

3 Unterstreichen Sie Reime mit gleichen Farben.

4 Beschreiben Sie das Reimschema mit Buchstaben!

  Zum Beispiel: AA BB AA BC

Übungen zum Inhalt

5 Wer ist „du" und „dich" in diesem Gedicht?

6 Vergleichen Sie die zwei Strophen.

  In der ersten / letzten Strophe ist der Schwerpunkt ...

📄 7 Fassen Sie das zentrale Thema kurz zusammen!

Gotthold Ephraim Lessing

Lob der Faulheit

Faulheit, endlich muss ich dir
Auch ein kleines Loblied bringen!
O!... Wie... sauer... wird es mir
Dich nach Würde zu besingen!
Doch ich will mein Bestes tun:
Nach der Arbeit ist gut ruhn.
Höchstes Gut, wer dich nur hat,
Dessen ungestörtes Leben...
Ach!... ich gähn!... ich... werde matt.
Nun, so magst du mir's vergeben,
Dass ich dich nicht singen kann:
Du verhinderst mich ja dran.

Kleines Glossar	ruhn (ruhen) *rest*
Lob *praise*	dessen *its, whose*
Faulheit *laziness, sloth*	gähn (gähnen) *yawn*
nach Würde *with due respect*	matt *droopy, tired*
	verhindern *prohibit*

Kultur: Lessing (1729 – 1781) *is considered an important literary figure of the Enlightenment. He wrote plays, fables, poetry and essays which are still performed and read today.*

Paul Gerhardt

Sommergesang

Geh' aus, mein Herz, und suche Freud
in dieser lieben Sommerzeit
an deines Gottes Gaben;
schau an der schönen Gärten Zier
und siehe, wie sie mir und dir
sich ausgeschmücket haben.
Die Bäume stehen voller Laub,
das Erdreich decket seinen Staub
mit einem grünen Kleide;
Narzissus und die Tulipan,
die ziehen sich viel schöner an
als Salomonis Seide.
Die Lerche schwingt sich in die Luft,
das Täublein fliegt aus seiner Kluft
und macht sich in die Wälder;
die hochbegabte Nachtigall
ergötzt und füllt mit ihrem Schall
Berg, Hügel, Tal und Felder.
Ich selber kann und mag nicht ruhn;
des großen Gottes großes Tun
erweckt mir alle Sinnen:
Ich singe mit, wenn alles singt,
und lasse, was dem Höchsten klingt,
aus meinem Herzen rinnen.

Kleines Glossar zu „Sommergesang"

Freud *joy*	Schlagen Sie weitere wichtige Wörter nach!
Gaben *gifts*	
Zier *adornment*	Staub *dust*
ausgeschmücket *decorated*	Seide *silk*
Laub *foliage*	Lerche *lark*

Ein Gedicht beschreiben Ergänzen Sie die Lücken, um eine Kurzbeschreibung dieses Gedichts zusammenzustellen.

„_____" ist ein Gedicht von _____.
Das Gedicht hat _____ Strophen. Jede Strophe besteht aus
_____ Versen. Das Reimschema in jeder Strophe lautet:
_____.

Das zentrale Thema in diesem Gedicht ist
_____.

In der ersten / zweiten / dritten / vierten Strophe …

Der Dichter   schreibt, …
               beschreibt …
               erzählt, wie … [Verb am Ende]
               lobt / kritisiert …

In diesem Gedicht gibt es … [Akkusativ]
Ich finde das Gedicht …, denn …

Kultur: Gerhardt (1607 - 1676) *studied theology and was a Christian pastor. He wrote poems and hymns, some of which have been translated into other languages and are still sung today. Next to Martin Luther, Gerhardt is one of the best known German church hymn writers of earlier centuries.*

Kultur: Goethe und Erlkönig

Goethe (1749 – 1832) *is a key representative of the periods of Storm and Stress and Classicism in German cultural history. He published in a variety of genres including drama, essays, letters, autobiography and poetry. He is considered by many experts to be the most important German writer.*

Erlkönig *is one of the best known German poems. It has been set to music by numerous composers including Franz Schubert and the rock group Rammstein (with some adaptation to modern times). The recognizable meter and rhyme scheme is also a favorite of poetry spoofs.*

🗨 Analyse: Erlkönig

1 Analysieren Sie die Form dieses Gedichts: Verse, Strophen, Reimschemen. Siehe das Modell auf der vorigen Seite.

2 Es gibt vier Stimmen in diesem Gedicht. Markieren Sie, wer jeden Vers spricht: Erzähler (E), Vater (V), Kind (K) und Erlkönig (EK).

3 Beschreiben Sie die Figuren in dem Gedicht: den Vater, den Sohn und den Erlkönig.

4 Lesen Sie in Gruppen von vier Personen das Gedicht laut vor mit verschiedenen Stimmen für die vier Rollen.

Johann Wolfgang von Goethe

Erlkönig

Wer reitet so spät durch Nacht und Wind?
Es ist der Vater mit seinem Kind;
Er hat den Knaben wohl in dem Arm,
Er fasst ihn sicher, er hält ihn warm.

„Mein Sohn, was birgst du so bang dein Gesicht?"—
„Siehst, Vater, du den Erlkönig nicht?
Den Erlenkönig mit Kron und Schweif?"—
„Mein Sohn, es ist ein Nebelstreif."

„Du liebes Kind, komm, geh mit mir!
Gar schöne Spiele spiel' ich mit dir;
Manch' bunte Blumen sind an dem Strand,
Meine Mutter hat manch gülden Gewand."—

„Mein Vater, mein Vater, und hörest du nicht,
Was Erlenkönig mir leise verspricht?"—
„Sei ruhig, bleibe ruhig, mein Kind;
In dürren Blättern säuselt der Wind."—

Wortschatz: Gedichte analysieren

die Stimme *voice*	sprechen *to speak*; hören *to hear*	wiederholen *to repeat*
die Metapher *metaphor*	verbinden *to associate, combine*	wirken *to create an effect*
das Symbol *symbol*	symbolisieren *to symbolize*	betonen *to reinforce*
das Bild *picture, image*	beschreiben *to describe*	schildern *to depict*
die Darstellung *representation*	dar•stellen *to represent*	wieder•geben *to reflect, render*

„Willst, feiner Knabe, du mit mir gehen?
Meine Töchter sollen dich warten schön;
Meine Töchter führen den nächtlichen Reihn,
Und wiegen und tanzen und singen dich ein".

„Mein Vater, mein Vater, und siehst du nicht dort
Erlkönigs Töchter am düstern Ort?"
„Mein Sohn, mein Sohn, ich seh es genau:
Es scheinen die alten Weiden so grau".

„Ich liebe dich, mich reizt deine schöne Gestalt;
Und bist du nicht willig, so brauch ich Gewalt".

„Mein Vater, mein Vater, jetzt fasst er mich an!
Erlkönig hat mir ein Leids getan!" —

Dem Vater grauset's, er reitet geschwind,
Er hält in Armen das ächzende Kind,
Erreicht den Hof mit Müh' und Not;
In seinen Armen das Kind war tot.

📄 **Ein Gedicht interpretieren**

Analysieren Sie ein Gedicht! Beschreiben Sie die Form
(Verse, Strophen, Reimschemen). Dann beschreiben Sie die
Figuren, die Metapher / Symbole, und das zentrale Thema.
Make good use of the Wortschatz *and models from 8A.*

Inhalt bearbeiten

1 Dieses Gedicht erzählt eine Geschichte. Fassen Sie die
Handlung *plot* in 3–4 Sätzen zusammen.

2 Was meinen Sie? Ist der Erlkönig eine echte Person? Ein
Geist? Von einem kranken Kind eingebildet *imagined*?

3 Viele Experten meinen, dass „Erlkönig" als Metapher zu
verstehen ist. *Fill in the blanks in this model analysis.*

Man kann das Gedicht als eine Metapher sehen. Der
_____ stellt die Vernunft *reason* dar. Er
denkt wissenschaftlich und sachlich. Im Gegensatz
symbolisiert der _____ Gefühle
feelings, Geistigkeit *spirituality* und Willkür *chaos,
arbitrariness*. Wenn das Gedicht als Metapher zu
verstehen ist, dann ist der Schluss oder die Lehre des
Gedichts vielleicht:
Vernunft allein kann nicht gewinnen.
Kinder verstehen die ganze Welt besser als
Erwachsene.
Willkür bestimmt unser Schicksal.
___ ...?

metaphors – 120, 161

8B: Märchen interpretieren

🎭 „Der arme Müllerbursch und das Kätzchen": Eine Bildgeschichte erzählen

Erzählen Sie das Märchen, das in den Bildern gezeigt wird. Benutzen Sie dabei die Wörter in der Tabelle auf der nächsten Seite.
Vergessen Sie nicht, Zeitausdrücke wie dann, danach, später, am nächsten Tag, nach drei Tagen zu verwenden!

🗩 **Märchenelemente** Was sind die typischen Elemente eines Märchens? Arbeiten Sie in Gruppen und ergänzen Sie die Tabelle mit weiteren Beispielen, die Sie vielleicht aus anderen Märchen kennen!

Figuren *characters*	Schauplätze *settings*	Sprache
der alte Müller *the old miller* der Kleinknecht *the youngest servant* Müllerburschen *miller's apprentices* das Kätzchen die Königstochter	die Mühle *mill* das Katzenschlösschen *cat palace* die Höhle *cave*	„Es war einmal…" „…und wenn sie nicht gestorben sind, so leben sie noch heute"

Ereignisse *events*	Themen *themes*
in die Welt schicken *to send into the world* ein Pferd suchen *to search for a horse* einem Kätzchen begegnen *to encounter a cat* sieben Jahre dienen *to serve for seven years* ein Häuschen bauen *to build a little house* in einer Kutsche nachkommen *to follow in a coach* heiraten *to marry*	Gegensätze – z.B. Gut gegen Böse

fairy tale elements – 123, 124, 172, 174

Wortschatz: Märchen Wie heißen diese Wörter auf Englisch? In welche Kategorien (oben) gehören sie?

der Riese		verwünschen		die Eifersucht	
die Hexe		verwandeln		der Zauber	
der Zwerg		belohnen		die Probe	
der Drache		bestrafen		die Rache	

📄 **Was ist ein Märchen?** Unten stehen Aussagen über den Stil, die Figuren und die Struktur von Märchen. Denken Sie an die Märchen, die Sie kennen. Stimmen diese Aussagen oder nicht? Markieren Sie die Sätze mit **R (richtig)** oder **F (falsch)**.

_____ Die Personen in Märchen sind Typen. Sie haben eine Funktion in der Handlung, aber keine Persönlichkeit.

_____ Ein Märchen ist oft eine Mischung aus fantastischen und alltäglichen *everyday* Personen und Ereignissen.

_____ Die Zeit und der Ort in Märchen werden immer genau festgelegt. Die Leser wissen, wann und wo die Geschichte spielt.

_____ In Märchen kommen bestimmte Zahlen (z.B. 3, 7 und 12) immer wieder vor.

_____ In Märchen gibt es viele Dialoge.

_____ In vielen Märchen muss ein Held sein Zuhause verlassen und auf eine Reise gehen. Unterwegs muss er sich bewähren *prove himself*.

_____ Zur Struktur von Märchen gehören Wiederholung *repetition* und eingebaute, reimende Verse.

_____ Der Stil eines Märchens ist komplex, mit langen, komplizierten Sätzen.

Korrigieren Sie die falschen Aussagen:

Ein typisches Märchen: Eine Definition

Sie wissen schon viel über das Märchen als Gattung *genre*. Schreiben Sie eine Definition von einem typischen Märchen! Diese Definition werden Sie später in Ihre Analyse von einem Märchen integrieren. Beschreiben Sie diese Aspekte von typischen Märchen:

- **Figuren**: Wer sind die typischen Figuren? Haben Sie komplizierte Persönlichkeiten?
- **Struktur**: Wie sind Märchen aufgebaut? Was findet man in typischen Märchen (z.B. bestimmte Zahlen, Wiederholung)?
- **Sprache**: Wie ist die Sprache in Märchen? Wie beginnen und enden typische Märchen?
- **Schauplätze**: Wo spielen sich Märchen ab?
- **Handlung**: Was passiert in typischen Märchen?
- **Themen**: Welche Themen gibt es in einem Märchen?

Ein typisches Märchen kann man an den Figuren, der Struktur, der Sprache, den Schauplätzen, der Handlung und den Themen erkennen. Im Märchen sind die Figuren ...

☞ Helden und Heldinnen in Märchen

1 Was assoziieren Sie mit dem typischen Märchenhelden oder der typischen Märchenheldin? Denken Sie an Herkunft *background*, Aussehen *appearance*, Taten *actions* und Persönlichkeit!

2 Sind der Held (Hans) und die Heldin (das Kätzchen) in „Der arme Müllerbursch und das Kätzchen" typische Märchenfiguren? Diskutieren Sie diese Frage in Gruppen. Benutzen Sie dabei diese Ausdrücke:

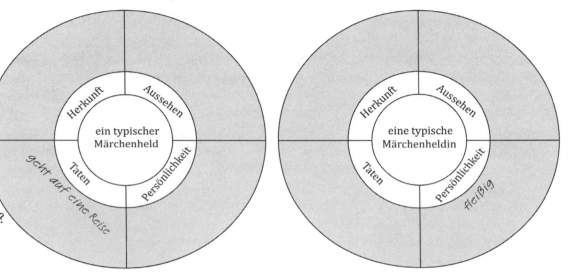

describing people – ch. 1, 3, 52, 122, 130, 143

making comparisons – 10, 120, 162

Wortschatz: Figuren beschreiben

naiv
erfahren *experienced*
klug *clever*
blöd / dumm *dumb*
aktiv
passiv
hilflos *helpless*
hilfsbereit *helpful*
stark
schwach
mutig / tapfer *brave*
feige *cowardly*
großzügig *generous*
geizig *miserly*

Sprachtipp: Figuren vergleichen *To introduce a comparison at the beginning of a sentence, you can use the following phrases:*

Im Gegensatz zu vielen Märchenhelden…
  in contrast to
Im Vergleich zu der typischen Märchenheldin…
  compared to
Im Unterschied zu vielen Frauen in Märchen…
  unlike

You can also use the comparative forms of adjectives to compare characters:
Hans ist naiv**er** und hilflos**er als**…
Das Kätzchen ist aktiv**er als**…
    or
Hans ist **nicht so** klug oder mutig **wie**…
Das Kätzchen ist **nicht so** passiv **wie**…

Kultur: *Chivalry and the Fairy Tale In the fairy tale* "Der arme Müllerbursch und das Kätzchen," *Hans serves his lady cat for seven years before he earns his reward. Although Hans is not a knight, his willingness to serve reflects the knight's code of chivalry in medieval Europe. At that time, knights pledged to honor and serve highborn ladies, often from afar. The courtly love of a knight for a lady is the subject of many medieval poems and romances.*

🐦 **Ist „Der arme Müllerbursch und das Kätzchen" ein typisches Märchen?** Um diese Frage zu beantworten, lesen Sie das Märchen im Kapitel 6B. Welche Aspekte des Märchens sind typisch? Ergänzen Sie die Tabelle mit Beispielen aus dem Märchen.

Märchenelemente	Ja / Nein?	Beispiele aus dem Märchen
• Die Figuren sind Typen, ohne Innenleben oder Gefühle		
• Alltägliche **und** fantastische Elemente in der Handlung	Ja	*Im Wald begegnet Hans einem sprechenden Kätzchen; das Kätzchen hat ein Schloss im Wald; am Ende wird das Kätzchen in eine Königstochter verwandelt.*
• Typische Märchenstruktur (z.B. Wiederholung, Happy End)		
• Typische Märchenschauplätze; Zeit und Ort sind unbestimmt		
• Typische Märchenthemen (z.B. Gegensatz zwischen Gut und Böse)		
• Typische Märchensprache (z.B. Wörter, die mit **–chen** oder **–lein** enden)		

fairy tale elements – 123, 124, 171, 172

Sprachtipps: Beispiele einführen *Use phrases such as these to introduce the examples you've gathered above into your writing:*

zum Beispiel / beispielsweise *for example*
Als Beispiel kann man ___ nehmen. *One can take _____ as an example.*
Das erkennt man an diesem Beispiel: *One sees this in this example:*
Ein anderes Beispiel findet man ... *One finds another example ...*

In „Der arme Müllerbursch und das Kätzchen" gibt es fantastische Elemente. **Als Beispiel kann man die Begegnung zwischen Hans und dem Kätzchen nehmen.** Das Kätzchen kann sprechen und nimmt Hans in sein Schloss mit. **Ein anderes Beispiel findet man** am Ende, als das Kätzchen in eine Königstochter verwandelt wird.

📄 **Eine Märcheninterpretation** *"Little Red Riding Hood," "Cinderella," "The Frog Prince": Are these fairy tales typical of the genre? Now that you've reflected on what makes a fairy tale a fairy tale, it's time to write a fairy tale interpretation – auf Deutsch, natürlich! Your subject can be "Der arme Müllerbursch und das Kätzchen," another tale you've read in class or a fairy tale of your choosing.*

1. Schritt: *Read your tale carefully. While you are reading, write down aspects of the tale that are typical of the genre, as well as those that are not.*	**2. Schritt:** *Draft your essay, using the structures in the table below as a guide. The words and phrases on the right may be useful for your interpretation.*

Introduction *Which fairy tale are you interpreting? Is it a typical fairy tale?*	Viele Märchen sind in der ganzen Welt bekannt… Ein Junge sucht ein Pferd und findet eine Katze: das ist das Märchen von … Wie ich in diesem Aufsatz zeigen werde, ist [Titel] ein typisches Märchen.
Summary of the tale *Who are the key characters? What are the main events of the plot? Use the present tense here.*	In diesem Märchen geht es um einen armen Jungen, Hans. Am Anfang des Märchens erfahren wir, dass der alte Müller… Im Wald begegnet Hans einer Katze, und danach geht er mit ihr…
Definition of the fairy tale genre *Use the definition that you wrote earlier in this chapter.*	In einem Märchen findet man folgende Elemente: Typisch für ein Märchen sind … Ein typisches Märchen erkennt man an (+ Dativ) …
Evidence from the fairy tale *Present examples and quotes from the fairy tale that do (or do not) correspond to the definition of a typical fairy tale.*	Ein gutes Beispiel für die typische Märchensprache ist … Nehmen wir zum Beispiel das Ende, als die Königstochter ankommt … Ein Beispiel für die Wiederholung findet man in dem Teil, wo Hans drei Aufgaben bekommt …
Conclusion *Summarize whether the tale is typical of the fairy tale genre.*	Alles in allem kann man sagen, dass das Märchen … Eine Analyse von „Der arme Müllerbursch" zeigt, dass es …

4. Schritt: *Proofread your essay, then have another student read and comment on it. Make sure that you have considered these points:*	*Do you grab the reader's attention in the introduction (such as with a scene or a quote from the fairy tale)? Is the summary of the tale clear and concise? Have you supported your analysis with well-chosen examples from the fairy tale?*

8C: Kurzgeschichten interpretieren

elements of a short story – 131, 136

🐦 **Lesegewohnheiten** Besprechen Sie diese Fragen in Gruppen!

1 Was liest du gern und was nicht gern?

Textgattungen *text genres*

Belletristik *fiction*	**Sachliteratur** *nonfiction*
• Dramen	• Zeitungen und Zeitschriften
• Märchen	• Biografien
• Gedichte	• Blogs und Wikis
• Kurzgeschichten	• Politik
• Romane	• Fachbücher *academic books*
Krimis	Naturwissenschaften
Liebesromane	Philosophie

2 Wer sind deine Lieblingsautoren?

3 Wenn du nicht viel liest, warum nicht?

4 Hast du als Kind gern gelesen? Was waren deine Lieblingsbücher?

5 Welche drei Bücher haben einen besonderen Einfluss *influence* auf dich gehabt, und warum?

6 Glaubst du, dass Amerikaner in zwanzig oder fünfzig Jahren noch Bücher lesen werden?

🐦 **Die Kurzgeschichte als Gattung** Im Kapitel 6C steht eine Kurzgeschichte von Susanna Piontek, „Die Traumfrau". Auch wenn Sie die Geschichte schon kennen, lesen Sie sie nochmal. Ist „Die Traumfrau" eine typische Kurzgeschichte?

Typische Merkmale einer Kurzgeschichte	Ja	Nein
• abrupter Anfang; direkter Einstieg in das Geschehen	—	—
• alltägliche Situationen werden erzählt	—	—
• realistische Erzählweise	—	—
• keine detaillierte Charakterisierung der Figuren	—	—
• überraschende Wende in der Handlung	—	—
• offener Schluss	—	—

Kultur: Susanna Piontek

Susanna Piontek wurde 1963 in Bytom, Polen geboren. Sie studierte Sprachlehrforschung, Amerikanistik und Geschichte an der Ruhr-Universität Bochum und machte auch eine Ausbildung als Rundfunkredakteurin. Pionteks Kurzgeschichten und Lyrik wurden in diversen Anthologien und Zeitschriften in Deutschland und den USA veröffentlicht. Seit 2006 arbeitet sie als freie Schriftstellerin in den USA. „Die Traumfrau" erschien 2005 in ihrer Sammlung *Rühlings Erwachen und andere Geschichten*.

Susanna Piontek

Die Inhaltsangabe – Was steht im Text?

Der erste Schritt zur Interpretation eines literarischen Textes ist die **Inhaltsangabe**.

Leitfragen zu einer Inhaltsangabe

* Wer sind die Hauptfiguren in der Geschichte? Was muss man über sie wissen, um die Handlung der Geschichte zu verstehen?

* Welche sind die wichtigen Episoden der Geschichte? Was passiert? Fassen Sie diese Episoden in Ihren eigenen Worten (mit Hilfe des Textes) zusammen.

* Wie wird der Text strukturiert? Wie stehen der Anfang und das Ende in Beziehung zueinander? Wie verändert sich die Ausgangssituation im Laufe des Textes?

💬 „Die Traumfrau" – Wichtige Handlungselemente

Diskutieren Sie folgende Sätze über die Handlung von „Die Traumfrau" und schreiben Sie in die Lücke **ein Plus (+)**, wenn Sie den Satz wichtig finden, oder **ein Minus (-)**, wenn nicht. Erklären Sie auch warum!

____ Am Anfang kann sich Peter nicht auf seine Arbeit konzentrieren, weil er immer an Britta denken muss.

____ Britta hat rötlich-braune Haare und grüne Augen.

____ In neun Jahren hat Peter Britta fünfmal gesehen.

____ Peter wird bei der Hochzeit seines Freundes Christoph Trauzeuge und hat deshalb seinen Urlaub verschoben.

____ Als Peter Britta das nächste Mal begegnet, trägt sie keinen Ehering.

____ Am Ende lädt Peter Britta zum Essen ein.

Sprachliche Merkmale einer Inhaltsangabe

writing a summary – 147, 155

1 **Der Anfang** Die Inhaltsangabe beginnt mit einem Satz, der den ganzen Text zusammenfasst:
   * In "Die Traumfrau" geht es um eine einseitige Liebe, die das Leben eines Mannes dominiert.
   * Im Mittelpunkt dieser Kurzgeschichte steht ein Mann, der jahrelang von einer Frau träumt.
   * In „Die Traumfrau" bekommt der Leser einen Einblick in das Leben eines Mannes …

2 **Die Chronologie** Diese Wörter helfen, die Ereignisse der Geschichte wiederzugeben:

zunächst	*first*
danach	*after that*
anschließend	*directly after that*
vorher	*beforehand*
nachher	*afterwards*
mittlerweile	*in the meantime*
auf einmal	*all at once*
immer wieder	*again and again*
endlich	*at last, finally*
zum Schluss	*in the end*

3 **Der Stil** Stilistisch ist die Inhaltsangabe sachlich-objektiv und man schreibt im Präsens.

📄 **Eine Inhaltsangabe schreiben** Schreiben Sie eine Inhaltsangabe von „Die Traumfrau". Arbeiten Sie nachher in Gruppen und vergleichen Sie Ihre Texte. Was ist daran ähnlich und was ist unterschiedlich?

„Die Traumfrau" – 132–35, 181–83

Die Interpretation – Was bedeutet das, was im Text steht?

Durch die Inhaltsangabe wissen wir, was im Text steht. Als Nächstes müssen wir uns überlegen, was dieser Inhalt bedeutet. Wie können wir die Ereignisse und Figuren der Geschichte verstehen und interpretieren? Mit anderen Worten: Was ist **das Thema** des Textes?

Welches von diesen fünf möglichen Themen der Kurzgeschichte „Die Traumfrau" finden Sie am interessantesten oder am besten?

____ Die Sehnsucht nach der großen Liebe
____ Männer und Frauen vor und in der Ehe
____ Das Verhältnis von Traum und Realität
____ „Die Traumfrau": eine typische Kurzgeschichte
____ Die Traumfrau als utopisches Symbol

Welches Thema (von oben) wird in dem folgenden Beispiel als These einer Interpretation präsentiert?

Die Kurzgeschichte „Die Traumfrau" vermittelt noch eine tiefere Bedeutung. Die meisten Menschen sind in ihren Gedanken immer wieder auf der Suche nach Perfektion – im Hinblick auf Partner, Job, Haus oder einfach nur Urlaub. Die Traumfrau wird für uns alle zum Symbol für eine erträumte schönere Welt.

🗩 **Eine These formulieren** Besprechen Sie die anderen möglichen Themen in Gruppen und entscheiden Sie sich, welches für eine Interpretation der Kurzgeschichte am interessantesten wäre. Dann schreiben Sie eine **These** (einen bis zwei Sätze), die das zentrale Thema Ihrer Interpretation zusammenfasst.

Wortschatz: Eine These formulieren

Die Geschichte handelt von … In der Geschichte geht es um …	*The story is about …*
Die Autorin thematisiert …	*The author deals with the theme of …*
____ weist auf ____ (+Akk) hin …	*____ points to ____*
Die Geschichte vermittelt …	*The story communicates …*
Im Laufe der Geschichte entwickelt sich ____	*In the course of the story, ____ develops*
In der Geschichte erfährt man …	*In the story one learns …*
Die Geschichte führt den Lesern vor Auge …	*The story reveals to the readers …*
Die Geschichte erzählt von …	*The story tells of …*

Eine literarische Figur analysieren Für eine Interpretation von „Die Traumfrau" ist der Charakter von Peter Schmitz von zentraler Bedeutung. Wie können wir Peter verstehen: als einen verliebten Mann, der endlich seine Traumfrau gewinnt, oder als einen Blaubart, der Frauen immer wieder ausnützt? Lesen Sie „Die Traumfrau" nochmal und suchen Sie Zitate im Text, die die angegebenen Aussagen (unten links) über Peter Schmitz beweisen *prove*, oder formulieren Sie auch eine Aussage, die zu dem angegebenen Zitat passt. Dann überlegen Sie sich, welche Bedeutung diese Aussagen und Zitate für eine Interpretation der Geschichte haben könnten.

Aussagen	Zitate	Was bedeutet das?
Peter ist von Gedanken an Britta besessen *obsessed*.	„Jedes Mal, wenn Peter an sie dachte – und das kam häufig vor – durchzuckte es ihn wie ein Blitz, und ein warmes Kribbeln strömte durch seinen Körper" (S. 132).	Peter lebt in einer Traumwelt, die ihm wirklicher erscheint als die eigentliche Welt.
Peter kennt Brittas Aussehen bis ins kleinste Detail und beschreibt sie wie ein Kunstwerk.		
	„Peter kam gut an bei den Frauen, obwohl nie er es war, der die Initiative ergriff" (S. 134).	
Peter weiß nicht, was er sagen soll, wenn Britta ihn einen „Blaubart" nennt.		

analyzing a literary character – 136

Sprachtipps: Texte zitieren
*When you quote a text in German, the punctuation goes **outside** of the quotation marks (see examples above). The quote should be followed by the page number on which it appears in parentheses. Use the abbreviation S. for Seite or Z. for Zeile line. Remember that quotes should **support** your discussion of the text, not replace it!*

Use a colon to introduce a quote that is a complete sentence:
Nachdem Britta seine Einladung angenommen hat, ist Peter überglücklich: „Peters Strahlen schien den Raum zu erhellen" (S. 135).
When integrating a quote into your own sentence, adjust the word order in the quote accordingly:
Am Ende ist Peter so glücklich, **dass** sein „Strahlen den Raum zu erhellen [**schien**]" (S. 135).

Sprachtipps: Relativpronomen *Relative clauses often appear in summaries and interpretations because they help us distinguish between persons and things and provide additional information about them. In English, relative pronouns include the words **that**, **who**, **which** and **whose**.*

„Die Traumfrau" ist ein literarischer Text, **der** viele Merkmale einer typischen Kurzgeschichte aufweist. *"Die Traumfrau" is a literary text **that** reveals many of the characteristics of a typical short story.*

Relativpronomen

	Masculine	Feminine	Neuter	Plural
Nominative	der	die	das	die
Accusative	den	die	das	die
Dative	dem	der	dem	**denen**
Genitive	**dessen**	**deren**	**dessen**	**deren**

Britta ist die Frau, **von der** Peter jahrelang träumt.   *Britta is the woman **whom** Peter dreams **of** for years.*

In German, the relative pronouns are the same as the definite articles, except for the dative plural denen *and the genitive. Three things to keep in mind when using relative pronouns in German:*

1   *The relative pronoun agrees with the gender and number of the person or thing it refers back to. In the above examples,* der Text *requires a **masculine** relative pronoun;* die Frau *a **feminine** pronoun.*

2   *The case of the relative pronoun depends on the role that it plays in the relative clause. In the first example above, the relative pronoun is nominative because it functions as the subject of the relative clause. In the second, the relative pronoun is the object of the dative preposition* von. *Note: The preposition precedes the pronoun at the beginning of the relative clause.*

3   *The conjugated verb goes to the end of the relative clause, which is set off by a comma.*

Übung Schreiben Sie Relativsätze, die zu diesen Satzanfängen passen!

„Die Traumfrau" handelt von einer alltäglichen Situation,   *mit der sich ein Leser identifizieren kann.*

Peter und Britta sind Menschen,

Peter träumt von einem Leben,

In der Geschichte gibt es einen Wendepunkt,

Eine Interpretation von „Die Traumfrau"

Vor dem Lesen – Der Titel
Der Titel dieser Interpretation lautet „Von *short stories,* Kurzgeschichten und einer Traumfrau".
Was meinen Sie: Warum heißt es „*short stories* **und** Kurzgeschichten"? Warum setzt der Kritiker Guy Stern „Traumfrau" nicht in Anführungsstriche *quotation marks*? Was könnte die These von Sterns Interpretation sein?

Während des Lesens – Die Struktur der Interpretation
Eine kurze literarische Interpretation besteht normalerweise aus drei Teilen. Sie sind:

1 **die Einleitung** Hier wird das literarische Werk eingeführt, allgemeine Informationen dazu präsentiert, und die These vorgestellt.

2 **der Hauptteil** In diesem Teil unterstützt man die These mit Ideen und Bemerkungen zu dem Text, die aufeinander aufbauen. Auch kann man Informationen aus anderen Quellen anführen, um die Argumentation überzeugender zu machen. Hier findet man auch eine Inhaltsangabe.

3 **der Schluss** Am Ende wird die These oft wiederholt oder durch die Ergebnisse der Argumentation erweitert.

Lesen Sie die Interpretation von Guy Stern und markieren Sie am Rand, wo Sie die **Einleitung**, den **Hauptteil**, und den **Schluss** finden. Unterstreichen Sie die **These** und die **Inhaltsangabe**! Nützliche Ausdrücke für Ihre eigene Interpretation sind blau gedruckt.

Von *short stories,* Kurzgeschichten und einer Traumfrau
von Guy Stern

England und Amerika sind die Wiege der „short story". Von einigen Ausnahmen abgesehen setzte sich die Kurzgeschichte erst nach dem zweiten Weltkrieg als literarische Gattung in den deutschsprachigen Ländern durch, etwa ab 1947. Deutsche Autoren griffen das amerikanische Vorbild auf und übersetzten den englischen Ausdruck „short story" ganz einfach mit „Kurzgeschichte". Damals wie heute wird diese Prosaform in Deutschland und Österreich gern gelesen. Zunächst verließen sich die meisten deutschen Schriftsteller auf das amerikanische Vorbild, bald aber ging man in Deutschland auch eigene Wege. Gerade nach der Nazizeit und dem Krieg suchten deutschsprachige Schriftsteller und Schriftstellerinnen nach einer Form, die dem Leser knapp, deutlich und unverblümt die schlimme Vergangenheit und die bedrückende Gegenwart vor Augen führen könnte. Susanna Piontek fand weitere Varianten bei der Komposition von Kurzgeschichten, aber mit der „Traumfrau" steht sie vorwiegend in der Tradition des amerikanischen Modells.

Häufig fangen Kurzgeschichten irgendwo mitten im Geschehen an und greifen einen Aspekt auf, der sofort das Interesse des Lesers beschäftigt. Mehrere Merkmale jener Gattung zeichnen sich auch in der Geschichte „Die Traumfrau" ab. Bei traditionellen deutschen Erzählformen hätte die Autorin vielleicht chronologisch begonnen, etwa

„Die Traumfrau" – 132–35, 177–79

mit der frühesten Begegnung von Britta und Peter. Hier aber sind wir sofort inmitten Peters zentralem Gedankengang, der von dieser Begegnung ausgelöst worden ist: „Britta war seine absolute Traumfrau. Jedes Mal, wenn Peter an sie dachte – und das kam häufig vor – durchzuckte es ihn wie ein Blitz, und ein warmes Kribbeln strömte durch seinen Körper".

In älteren Erzählungen wären der Handlung noch eine ganze Anzahl von Details beigefügt worden, etwa: Wo und wann spielt sich die Geschichte ab? Was genau ist Peters Beruf? Wie sieht das Standesamt aus, in dem Britta Engelhardt arbeitet? Bei unserer Kurzgeschichte jedoch beschränkt sich die Verfasserin auf die für die Geschichte wichtigen Details: Wie sehen die Personen der short story aus? Was sind Peters Gedanken und Gefühle? Wie stehen Peter und Christoph zueinander? Kein Wort scheint zu viel, keins zu wenig zu sein.

Wie die meisten Kurzgeschichten ist „Die Traumfrau" ein ganz alltäglicher Auszug aus dem Leben eines Menschen wie Du und ich. Ein Mann verliebt sich auf den ersten Blick in eine Frau, die ihm aber unerreichbar erscheint. Sie ist nämlich verheiratet. Über Jahre versucht er immer wieder auf die gleiche Weise, sie zu sehen und mit ihr allein zu sprechen. Was ihn jedoch auch zurückhält ist seine Schüchternheit. Dann aber – nach genau neun Jahren – wird das Eis gebrochen. Er trifft sie wieder, sie trägt diesmal keinen Ehering. Er spricht sie an, lädt sie zum Abendessen ein; eine Freundschaft bahnt sich an.

Das wäre das Skelett der Geschichte „Die Traumfrau". Die Kurzgeschichte scheint zunächst einen fast alltäglichen Vorfall wieder zu geben. Aber dann werden wir durch den kunstvoll vorbereiteten Überraschungseffekt aus der gelassenen Aufnahme der Handlung gerissen. Die anfangs unerreichbare Frau ist von Beruf Standesbeamtin. Um sie zu Gesicht zu bekommen, hat der Protagonist Peter in den neun Jahren fünfmal geheiratet und sich wieder scheiden lassen.

Davon erfahren die Leser allerdings erst gegen Ende der Geschichte. Trotzdem sind sie von dem eher handlungsarmen Geschehen gefesselt. Warum? Vielleicht gerade, weil es nicht um heroische Menschen oder hoch situierte Personen geht, sondern um Leute, die uns bekannt erscheinen und mit denen wir uns identifizieren können. Schon der Name des verliebten Mannes, Peter Schmitz, deutet auf einen Durchschnittsmenschen hin. Einen Peter Schmitz wird es höchstwahrscheinlich in den meisten deutschen Städten geben. Die engelhafte Traumfrau hingegen wird schon durch ihren Namen, Frau Engelhardt, charakterisiert. In vielen Prosaerzählungen tragen ja die Namen der Gestalten zu ihrer Charakterisierung bei. Auch Peters Wunschtraum können wir nachvollziehen. Wohl jeder von uns hat eine Vorstellung vom idealen Lebenspartner.

Diese Suche nach der oder dem „Richtigen" ist ein Thema, das von Schriftstellern in allen Sprachen immer wieder gestaltet worden ist. Ein bekanntes Nachschlagewerk von Stith Thompson erwähnt unter der Überschrift „Liebe durch einen Traum" („Love Through Dream") mehr als ein dutzend verschiedene Länder, in deren Folklore dieses Motiv zu finden ist. Wir alle kennen solche Beispiele. In dem amerikanischen Musical „South Pacific" träumt der Held davon, dass er in einer Zaubernacht seine Traumfrau treffen wird („Some Enchanted Evening"). In dem Lied von George and Ira Gershwin, „Someday he'll come along, the man I love" träumt ein Mädchen von ihrem „Traummann". In Mozarts Oper „Die Zauberflöte" verliebt sich der Held in eine Frau, die er zunächst nur von einem Porträt kennt – und er besteht viele Abenteuer, um sie zu finden. Auch Märchen gibt es, in denen der Protagonist sich in ein scheinbar unerreichbares Mädchen verliebt, z.B. in einem Märchen der Brüder Grimm. Ein Prinz sieht das anscheinend tote Schneewittchen und verliebt sich in diese unerreichbare Traumfrau. Durch einen glücklichen Zufall erwacht das schöne Mädchen vom Scheintod – und der Prinz und Schneewittchen heiraten.

Aber die Kurzgeschichte „Die Traumfrau" vermittelt noch eine tiefere Bedeutung. Die meisten Menschen sind in ihren Gedanken immer wieder auf der Suche nach Perfektion – im Hinblick auf Partner, Job, Haus oder einfach nur Urlaub. „Ein jeder Mensch hat halt 'ne Sehnsucht" heißt es in dem berühmten deutschen Drama „Die Weber" von Gerhart Hauptmann. Die Traumfrau wird für uns alle zum Symbol für eine erträumte schönere Welt.

Analyse der Interpretation – Die These(n)

Stern präsentiert eine These in der Einleitung. Wie lautet sie? Auf welche Aspekte der Geschichte weist Stern im Hauptteil hin, um seine These zu belegen?

These	Belege

Stern beendet seinen Text mit einer zweiten These, die auf eine „tiefere" Bedeutung der Kurzgeschichte hinweist. Was ist diese These? Welche Ideen und Quellen führt er an, um seine Aussage überzeugend zu machen?

These	Belege (Quellen, Ideen)

📄 **Eine literarische Interpretation**

1. Schritt: Den Text wählen und genau lesen Für Ihre Interpretation wählen Sie einen literarischen Text, den Sie gut verstehen und interessant finden. Sie könnten eine eigene Interpretation von „Die Traumfrau" schreiben, oder einen Text behandeln, den Ihr Lehrer/Ihre Lehrerin Ihnen vorschlägt. Bekannte deutsche Autoren und Autorinnen von Kurzgeschichten sind u.a. Ilse Aichinger, Hans Bender, Peter Bichsel, Heinrich Böll, Wolfgang Borchert, Marie Luise Kaschnitz, Helga Novak, und Gabriele Wohmann.

2. Schritt: Was steht im Text? Die Inhaltsangabe schreiben Lesen Sie den Text nochmal und markieren Sie alle Stellen, die Sie für wichtig halten. Welche Personen müssen in der Inhaltsangabe vorgestellt werden? Welche Ereignisse sind von zentraler Bedeutung?

3. Schritt: Was bedeutet das, was im Text steht? Themen ausarbeiten und eine These schreiben Überlegen Sie sich, was der Text bedeuten könnte, und schreiben Sie viele mögliche Themen auf. Wählen Sie das **Thema**, das Sie am interessantesten finden und mit dem Sie am besten arbeiten können, und formulieren Sie daraus eine **These** für Ihre Interpretation. Die These sollte nicht länger als drei Sätze sein.

4. Schritt: Die Argumentation entwickeln Machen Sie ein Inventar von Ideen, Wörtern, Bildern und Ereignissen aus dem Text, die zu Ihrer gewählten These passen. Wie hängen diese Aspekte des Textes zusammen? Wie tragen sie zu dem Thema bei, das im Mittelpunkt Ihrer These steht? Wählen Sie drei oder vier dieser **Ideen**, mit denen Sie Ihre These konkret und verständlich machen können. Das wird die Grundlage Ihrer Interpretation sein. Dann suchen Sie nach **Zitaten** in dem Text, die diese Ideen hervorheben und kritisch beleuchten.

5. Schritt: Die Interpretation schreiben
- **Die Einleitung** Hier können Sie mit allgemeinen Aussagen zum Text, zur Gattung und zum Autor/zur Autorin beginnen, wenn Sie möchten. Eine kurze Inhaltsangabe kann ein Teil der Einleitung sein, sonst erscheint sie im Hauptteil. Wichtig ist, dass die These in der Einleitung vorkommt, damit der Leser weiß, was das Ziel der Interpretation ist.

- **Hauptteil** Im Hauptteil präsentieren Sie die Ideen und Zitate, mit denen Sie Ihre These stützen. Jede neue Idee sollte auf die letzte aufbauen, damit die Argumentation überzeugend ist.
- **Schluss** Am Ende können Sie Ihre These wiederholen oder erweitern, oder Ihre Reaktion auf den Text präsentieren. Es ist gut, wenn Sie sich am Ende wieder auf den Anfang der Interpretation beziehen, damit der Aufsatz abgerundet ist.
- **Titel** Geben Sie Ihrem Aufsatz einen Titel! Der Titel sollte über den Inhalt des Aufsatzes informieren, und gleichzeitig auch das Interesse der Leser wecken.

Appendix I: **Schreibaufgaben**

1

Personen beschreiben

1A: Profil	1B: Lebenslauf	1C: Biografie
Aufgabe *task* *A brief personal profile* **Inhalt** *contents* *Include facts and information about your vital statistics, your personality and your family. Provide details to make the facts more interesting.* **Aufbau** *structure* • *Overview* • *Your personality* • Familie **Wortschatz** *vocabulary* • *Hobbies and interests* • *Adjectives for describing personality* • *Family members* **Sprache** • *Conjugation of present tense verbs:* sein, haben, studieren, werden, finden, wohnen • *Pronouns* (ich, er, sie, wir) *and possessives* (mein, sein, ihr, unser)	**Aufgabe** *A resumé for a German-speaking audience* **Inhalt** *Prepare an overview of your schooling and work experience, following the format of the German* Lebenslauf. *Include a photo and a signature.* **Aufbau** *Follow the model for the German* Lebenslauf *in chapter 1B.* **Wortschatz** • Persönliche Daten • Ausbildung und Berufserfahrungen • Sprachkenntnisse • Hobbys und Interessen **Sprache** • *Dates (day, month, year)* • *Making comparisons*	**Aufgabe** Ein kurzer biografischer Text über eine bekannte Person **Inhalt** Fassen Sie das Leben einer Person mit Hinblick auf ein Thema zusammen. Informieren Sie die Leser über wichtige Lebensdaten und Leistungen. **Aufbau** • Beginnen Sie mit einer Strategie (z.B. einer rhetorischen Frage) um das Interesse der Leser zu wecken. • Geben Sie im Hauptteil einen chronologischen Lebensüberblick. • Schließen Sie den Text mit einem zusammenfassenden Satz. **Wortschatz** • Zeitausdrücke • Persönliche Leistungen **Sprache** • *Present and past tenses* • *Sentences combined using conjunctions* • *Varied sentence structure*

Briefe schreiben

2A: Nachricht	2B: Dankesbrief	2C: Bewerbungsbrief
Aufgabe *task* *An informal postcard and a more formal short letter to your German teacher* **Inhalt** *contents* *Write about things you have seen and done on a real or imagined trip to Germany, Austria or Switzerland.* **Aufbau** *structure* • *Place and date* • *Opening greeting* • *Overview of visit, followed by brief details* • *Closing* **Wortschatz** *vocabulary* • *Opening greetings and closings* • *Text-messaging abbreviations (for informal messages only)* **Sprache** • *Punctuation for* Anreden und Grüße • *Capitalization of pronouns (both* Du/Dich/Dir *and* Sie/Ihnen*)* • *Formality in written correpondence*	**Aufgabe** *A letter of thanks following a visit with a German-speaking host family* **Inhalt** *Thank the host family for their hospitality; comment on specific aspects of your visit; invite them to visit you.* **Aufbau** • Ort und Datum • Anrede • *Introductory paragraph with expression of thanks* • *Details about visit in the body of the letter* • *Reiterate thanks in the final paragraph* • Gruß **Wortschatz** • Anreden und Grüße • Danksagungen **Sprache** • *Dative verbs and verbs that take both dative and accusative pronouns* • Siezen und Duzen	**Aufgabe** Ein Bewerbungsbrief an die Personalabteilung einer deutschsprachigen Firma **Inhalt** Sie bewerben sich um eine Stelle bei einer deutschsprachigen Firma. In dem Brief zeigen Sie, warum Sie (mit Ihren formalen Qualifikationen und persönlichen Kompetenzen) den Job bekommen sollten. **Aufbau** • Halten Sie sich genau an dem Briefmuster im Kapitel 2C. • Wecken Sie am Anfang das Interesse der Leser. • Erklären Sie, warum Sie der/die Richtige für den Job sind. • Erwähnen Sie am Ende, dass Sie sich über ein Vorstellungsgespräch freuen würden. **Wortschatz** • Formale Qualifikationen • Persönliche Kompetenzen **Sprache** • *Causal connectors* • *Verb + preposition combinations*

Autobiografisches Schreiben

3A: Familientraditionen	3B: Kindheit	3C: Erlebnis und Identität
Aufgabe *task* *An autobiographical text describing a family tradition* **Inhalt** *contents* *Describe a tradition in your family, giving details about what it involves and why it is important. Give your opinion of the tradition and/or discuss whether it is typical in your culture.* **Aufbau** *structure* • *Opening sentence introducing the topic* • *Main statement on importance of a tradition in your family* • *Description of the tradition* • *Closing summary statement* **Wortschatz** *vocabulary* • *Holidays* • *Family activities and traditions* **Sprache** • *Stem-changing verbs* • *Modal verbs* • *Ordering elements of time, manner, place and direct object in a sentence* • *Infinitive clauses*	**Aufgabe** *An autobiographical text about your childhood* **Inhalt** *Discuss whether your childhood was typical compared to others from your culture, hometown or country.* **Aufbau** • *Opening thesis statement on whether or not your childhood was typical* • *Details and descriptions of selected aspects of your childhood (including your schooling, religious upbringing, life in your hometown) that support your thesis* **Wortschatz** • Schule • Religion • Heimat *home* • Aspekte der Identität **Sprache** • als *for talking about past events* • *word order with subordinating conjunctions* • mögen, gefallen, gern (+ Verb) *for expressing "to like"*	**Aufgabe** Ein autobiografischer Aufsatz über Ihre Erlebnisse und die Entwicklung *development* von Ihrer Identität **Inhalt** Sie erläutern ein Thema aus Ihrem Leben, das am besten zeigt, wie Sie die Person geworden sind, die Sie sind. **Aufbau** • Führen Sie das Thema ein. • Beschreiben Sie die Momente aus Ihrem Leben, die für das Thema wichtig sind. • Interpretieren Sie Ihre Erinnerungen. • Schließen Sie den Text mit einer Zusammenfassung des Themas oder einem Blick in die Zukunft. **Wortschatz** • Aspekte der Identität (Heimat, Nationalität, Erfahrungen und Erlebnisse) • Wörter, mit denen man einen Moment mit allen fünf Sinnen beschreiben kann **Sprache** • *Adjectival nouns* • *Anticipatory* da-*compounds*

Berichte schreiben

4A: Tagesablauf	4B: Erinnerungen	4C: Nachrichtenartikel
Aufgabe *task*	**Aufgabe**	**Aufgabe**
A report on your activities during a typical week	*A memory or story from your past*	Ein Artikel für eine deutschsprachige Zeitung an Ihrer Schule oder Uni
Inhalt *contents*	**Inhalt**	**Inhalt**
Write about your daily activities, compare your life in the week and on the weekend, or discuss whether your activities are typical of most students at your school.	*Choose an event from your past and write a narrative account of what happened. Reflect on why this event is significant to you today.*	Sie berichten über eine Veranstaltung auf dem Campus. Integrieren Sie Zitate in den Artikel, z.B. von Menschen aus dem Publikum, die Sie interviewen.
Aufbau *structure*	**Aufbau**	**Aufbau**
• *Describe the events of your day and/or week in chronological order.*	• *Establish the fact that you are recounting a memory or telling a story from your past.*	• Formulieren Sie eine informative Schlagzeile für den Artikel.
• *Add details about the activities.*	• *Report what happened, including who, what, when, where, how or why.*	• Geben Sie im 1. Absatz einen Überblick über die Veranstaltung; beantworten Sie alle W-Fragen.
• *Adjust the word order of your sentences to add emphasis and variety.*	• *Include interesting details.*	• Geben Sie weitere Informationen und Einzelheiten zu der Veranstaltung an.
Wortschatz *vocabulary*	• *Conclude by summarizing your feelings or thoughts about the event.*	• Schließen Sie den Artikel mit einer Einschätzung von der Bedeutung der Veranstaltung.
• *Days of the week*	**Wortschatz**	
• *Parts of the day*	• *Time phrases*: im, vor, nach, damals, früher	**Wortschatz**
• *Daily activities*	• *Important life events*	• Wörter und Ausdrücke, mit denen man Tatsachen wiedergeben kann
Sprache	**Sprache**	**Sprache**
• *Stem-changing verbs*	• *Tenses: narrative past, conversational past, present*	• *Passive voice*
• *Prepositions for describing when things happen*: am *for days of the week and parts of the day,* um *and* von…bis *for hours of the day*	• sich erinnern an	• *Word order: time, manner, place*
• *Ordering time expressions in a sentence*	• als, seit	

Meinungen äußern

5A: Reaktion	5B: Stellungnahme	5C: Argumentation
Text *An online post* **Aufgabe** *task* *Write a response to three statements in a online discussion dealing with images of the USA. Your response should discourage the exchange of clichés.* **Inhalt** *contents* • *Summarize the statements to show that you understand them.* • *Identify whether the statements are facts, clichés, preconceptions or generalizations.* • *Offer your response.* **Wortschatz** *vocabulary* • *Reactions – positive, neutral, negative* • *Stating and individualizing opinions* • *Types of statements* **Sprache** • *Word order* • *Adverbs*	**Text** *A short commentary* **Aufgabe** *Discuss what it means to be from the country that you are from.* **Inhalt** • *Choose a rhetorical device for opening your commentary: a question, quote or statement.* • *Draw on clichés and stereotypes, facts, and your own experiences and associations with your country to make your main points.* • *Conclude with a convincing final statement.* **Wortschatz** • *Meinungen äußern: introducing, highlighting, agreeing, correcting / opposing, extending, summarizing* **Sprache** • *deuten + auf* • *infinitive clauses*	**Text** Eine Texterörterung **Aufgabe** Wählen Sie einen Text, in dem sich ein Autor/eine Autorin zu einer kontroversen Frage Stellung nimmt. Wichtig ist, dass Sie die Argumente im Text beurteilen und eine eigene Meinung zu dem Thema äußern. **Inhalt** • Geben Sie einen Überblick über den Text, den Sie behandeln. • Fassen Sie den Text zusammen. • Erklären Sie, ob Sie die Argumente, die im Text präsentiert werden, überzeugend finden, und warum oder warum nicht. • Äußern Sie Ihre eigene Meinung zum Thema. • Fassen Sie die Themen Ihrer Texterörterung zusammen. **Wortschatz** • Einen Text erörtern **Sprache** • Indirekte Rede und Konjunktiv I • Rhetorische Mittel: wenn – dann, Wiederholung, rhetorische Fragen, kurze, prägnante Sätze

Kreatives Schreiben

6A: Gedichte	6B: Märchen	6C: Kurzgeschichte
Text *A poem* **Aufgabe** *task* *Write a poem centered around a theme that is interesting to you.* **Inhalt** *contents* *Include in your poem one or more of the following elements:* • *Rhyme* • *Rhythm* • *Similes and metaphors* • *Formulaic structure* • Konkrete Poesie **Wortschatz** *vocabulary* • *Nouns, verbs and adjectives related to the chosen theme* **Sprache** • *Similes and metaphors*	**Text** *A fairy tale* **Aufgabe** *Create a new fairy tale, retell a traditional tale from a new perspective, or rewrite a tale, but with a twist.* **Inhalt** • *Present your characters and the setting in the opening paragraph.* • *Introduce a plot conflict which may or may not require the protagonist to leave home.* • *Resolve the conflict over the course of the tale, possibly through the intervention of another character and the completion of tasks.* • *Include fantastic elements and dialogue.* • *Conclude with a happy ending or moral lesson, although you may choose to "subvert" the traditional fairy tale ending.* **Wortschatz** • *Adjectives for describing characters* • *Fairy tale elements and settings* **Sprache** • *Narrative past tense* • *Adjective endings*	**Text** Eine Kurzgeschichte **Aufgabe** Schreiben Sie eine Geschichte, in die Sie Elemente einer typischen Kurzgeschichte integrieren. **Inhalt** • Die Geschichte beginnt mitten im Geschehen; der Anfang ist abrupt. • Die Geschichte handelt von einer alltäglichen Situation. • Schreiben Sie Dialoge zwischen den Figuren, um das Geschehen lebendig zu machen und die Handlung voranzutreiben. • Am Ende der Geschichte gibt es eine überraschende Wende. Auf einmal sind die Figuren und die Situation anders als erwartet. • Geben Sie der Geschichte einen Titel, der auf die Hauptthemen der Geschichte hindeutet, ohne zu viel zu verraten. **Wortschatz** • Körperteile • Alternative zu „sagen" **Sprache** • Adjektivendungen • Wortstellung im Dialog

Filme interpretieren

7A: Bildgeschichte	7B: Inhaltsangabe	7C: Filmrezension
Text	**Text**	**Text**
A text to accompany a series of pictures	*A plot summary*	Eine Filmrezension
Aufgabe *task*	**Aufgabe**	**Aufgabe**
Drawing on a set of still images from a film, write a text that describes what is happening in each of the pictures.	*Summarize the plot of a film, giving readers a clear idea of the main characters and events without revealing the ending.*	Schreiben Sie eine Rezension von einem Film, den Sie empfehlen möchten (oder nicht).
Inhalt *contents*	**Inhalt**	**Inhalt**
• *Write at least two sentences for each picture in the series.*	• *Open the summary by giving an overview of the entire plot.*	• In der Einleitung erwähnen Sie, was am Film auffällt und ob Sie ihn gut finden.
• *Make the chronology of the story clear using time expressions.*	• *Describe the main characters and events clearly and concisely.*	• Schreiben Sie eine Inhaltsangabe (siehe die Informationen in 7B).
• *Add detail to the story, including why the characters do what they do.*	• *Conclude the summary by hinting at the ending without giving it away.*	• Erwähnen Sie relevante Hintergrundinformationen.
Wortschatz *vocabulary*	**Wortschatz**	• Bewerten Sie einzelne Aspekte des Filmes.
• *Adjectives for describing appearance and personality*	• *Adverbs, prepositional phrases and conjunctions for indicating when and why things happen, and for making contrasts*	• Zum Schluss fassen Sie Ihre Meinung zum Film zusammen: ist der Film sehenswert oder nicht?
• *Time expressions for recounting events chronologically*		• Formulieren Sie einen Titel für die Rezension, der schon ahnen lässt, worum es in dem Film geht und ob Sie den Film empfehlen.
• *Conjunctions for explaining why things happen:* weil, denn	• *Drawing connections*	
Sprache	**Sprache**	**Wortschatz**
• *Adjective endings following* ein	• *Word order with adverbs, prepositional phrases and conjunctions*	• Elemente eines Filmes
• *Word order with time expressions and conjunctions*	• doch	• Wortschatz zur Bewertung eines Filmes
	• es geht um *and* handelt von *for describing what a film is about*	**Sprache**
		• *Extended participial modifiers*

8

Literatur interpretieren

8A: Gedichte interpretieren	8B: Märchen interpretieren	8C: Kurzgeschichten interpretieren
Text *An analysis of a poem* **Aufgabe** *task* *Write a short interpretation of a German poem.* **Inhalt** *contents* *Describe some or all of the following aspects of the poem:* • *Form (lines, stanzas, rhymes)* • *Characters* • *Metaphors and symbols* • *Main theme* **Wortschatz** *vocabulary* • *Parts of a poem* • *Describing a poem* • *Analyzing a poem* **Sprache** • *Similes and metaphors*	**Text** *An analysis of a fairy tale* **Aufgabe** *Write an analysis focused on whether a given fairy tale is typical of the genre.* **Inhalt** • *Introduce the fairy tale and present your thesis: is this fairy tale typical of the genre?* • *Summarize the plot of the tale.* • *Define the fairy tale genre.* • *Present evidence to support your thesis that the fairy tale is (or is not) typical of the genre.* • *Summarize your thesis and conclusions.* **Wortschatz** • *Elements of a fairy tale* • *Adjectives to describe fairy tale characters* **Sprache** • *Comparing characters* • *Introducing examples*	**Text** Eine Interpretation von einer Kurzgeschichte **Aufgabe** Schreiben Sie einen Text, in dem Sie eine Kurzgeschichte analysieren und interpretieren. **Inhalt** • In der Einleitung machen Sie allgemeine Bemerkungen zu der Kurzgeschichte und führen Sie Ihre These ein. • Im Hauptteil präsentieren Sie die Inhaltsangabe, sowie Beispiele und Zitate, die Ihre These unterstützen. • Am Ende können Sie Ihre These wiederholen oder erweitern, oder die Ergebnisse Ihrer Analyse zusammenfassen. • Formulieren Sie einen Titel für Ihren Text, der interessant ist und über Ihr Thema informiert. **Wortschatz** • Zeitadverbien • Thesen formulieren **Sprache** • Texte zitieren • Relativsätze und Relativpronomen

The cross-references appearing throughout Schreiben lernen *are presented below and divided into three somewhat arbitrary (but hopefully useful) sections:*

Appendix II: **Cross-references**

- *Vocabulary*
- *Structures and Grammar*
- *Culture Knowledge*

Topics in each section are listed in the order in which they first appear in the book. Please note that Schreiben lernen *serves as a supplemental resource to other valuable books on literature, grammar and culture. Topics which appear only once in* Schreiben lernen *are not cross-referenced.*

VOCABULARY

Technology words – 2, 22, 24, 104

Schooling – 2, 8, 9, 48, 49, 95

Describing people – *ch.* 1 (*especially page* 3), 52, 122, 130, 143, 173

Family – 4, 46, 47, 75

Professional qualifications – 7, 34, 38

Life stages – 12, 57

Professions – 13, 32

Studieren *vs.* lernen – 49, 69

Expressing opinions – 50, *ch.* 5 (*especially pages* 94, 97, 99, 105, 114)

Heimat – 51, 54

STRUCTURE and GRAMMAR

CULTURE KNOWLEDGE

Acknowledgments

Wir bedanken uns recht herzlich bei den Kollegen, Verwandten und Freunden, die uns beim Schreiben dieses Werkes mit Feedback und Unterstützung besonders geholfen haben. (*Yes, learners can use this sentence as a model for thanking all the great people who fill their lives.*)

Martin und Monika Beigel	*Angelika Kraemer*
Curt Bentzel	*Hiram Maxim*
Kevin Brady	*Susanna Piontek*
Eric Braeden	*Randall J. Pruim*
Cecilia Cloughly	*Robert and Elaine Redmann*
Gerben and Ruth Dykstra	*Anne Schille*
Frieda Fichtner	*Jan Solberg*
Wenda Focke	*Guy Stern*
Anne Green	*Johanna von Glasenapp*
Veit Gross	*Ingrid Zeller*
Gisela Hoecherl-Alden	*Margrit Zinggeler*
Charles James	*Students and colleagues in German, Franklin and Marshall College*
Annika Koch	Studenten aus Deutsch 202, Calvin College (2009, 2010)

We would like to thank the following outside reviewers for their helpful comments: Iris Bork-Goldfield, Wesleyan University; Elio Brancaforte, Tulane University; Richard Korb, Columbia University; Jakob Norberg, Duke University; Caroline Schaumann, Emory University; Per Urlaub, Southern Connecticut State University; and Friedemann Weidauer, University of Connecticut. We would also like to thank our editorial and production team at Yale University Press, including Tim Shea, Ann-Marie Imbornoni, and Ash Lago, and our typesetter, J. P. Kang.

Text Credits

We would like to acknowledge the following sources and thank the copyright holders for their permission to use copyrighted materials.

Kapitel 3C

Page 55   "Sind Sie stolz darauf Deutscher zu sein?" Copyright: www.statista.de.

Pages 58–61   "Thoughts on Being German," translated by Judith St. Louis and printed with permission of Eric Braeden.

Kapitel 4B

Pages 76–78   Excerpts from *Plötzlich ist alles ganz anders: Kinder schreiben über unser Land*. Deutscher Taschenbuch Verlag, 1993. Copyright: Regina Rusch.

Kapitel 4C

Page 84   "Obama auf Spurensuche. US-Präsident in Buchenwald." Copyright: *Süddeutsche Zeitung*.

Page 86   "Dieser Ort hat nichts von seinem Schrecken verloren" by Florian Gathmann (*Der Spiegel*, June 5, 2009). Copyright: *Der Spiegel* / New York Times Syndicate.

Kapitel 5A

Page 94   Excerpts from "Was Deutschen an Amerikanern auffällt," *Die Zeit*, No. 42/2002. Copyright: *Die Zeit*.

Kapitel 5B

Page 100   "Das Spiel mit den Stereotypen." Deutsche Welle. Copyright: Elisabeth Otto and Deutsche Welle.

Kapitel 5C

Page 104   "Woran liegt es Ihrer Meinung nach, dass die deutsche Sprache verkommt?" Copyright: www.statista.de.

Page 106   "Anti-Anglizismen WG. Man spricht deutsch" by Birgit Tanner (*Der Spiegel*, January 18, 2005). Copyright: *Der Spiegel* / New York Times Syndicate.

Page 109   Quotes from an interview with Rudi Keller: "Goethe fände es funny" (*Süddeutsche Zeitung*, June 27, 2008).

Page 160   "Einmal Bella Martha – amerikanisch aufgewärmt!" by Matthias Heine, *Die Welt*, Sept. 13, 2007. Copyright: Matthias Heine, *Die Welt*, and Axel Springer Verlag.

Kapitel 8A

Page 166   "Lob der Faulheit" by G. E. Lessing. From gutenberg.spiegel.de.

Page 167   "Sommergesang" by Paul Gerhardt. From gutenberg.spiegel.de.

Pages 168–69   "Erlkönig" by J. W. Goethe. From gutenberg.spiegel.de.

Kapitel 8C

Pages 181–83   "Von *short stories,* Kurzgeschichten und einer Traumfrau," by Guy Stern. Printed with permission from the author.

All other written texts copyright © Pennylyn Dykstra-Pruim and Jennifer Redmann.

Photo Credits

Kapitel 1C

Page 16   Photo of Elie Wiesel. German Federal Archives, B 145 Bild-00049012. Photographer: Fassbender.

Page 18   Photo of Angela Merkel. German Federal Archives, B 145 Bild-00108838. Photographer: Chaperon.

Kapitel 3C

Page 57   Photo of Eric Braeden. Printed with permission from the American Association of Teachers of German.

Kapitel 4C

Page 81   Photo of Herta Müller. From de.wikipedia.org. Copyright: Amrei-Marie unter cc-by-sa 3.0 and GFDL.

Page 84   Photo of Obama with Merkel and Wiesel in Buchenwald. German Federal Archives, B 145 Bild-00200292. Photographer: Bergmann.

Kapitel 5C

Page 111   Photo of Norbert Lammert. German Federal Archives, B 145 Bild-00200986. Photographer: Kugler.

Kapitel 7A

Pages 143–47 Still photos from *Bella Martha*. Dir. Sandra Nettelbeck. United International Pictures, 2001.

Kapitel 8C

Page 176   Photo of Susanna Piontek. Printed with permission of Susanna Piontek.

DATE DUE

MAR 07 2019 ILL# 100176220 SEM	
APR 1 2019	
APR 1 4 2019 ILL /01 963/10 MVS	